INTRODUCTION

À LA LECTURE des œuvres de J. Gracq, on ne peut qu'être frappé par la diversité et la profusion des images et des métaphores aquatiques qui jalonnent les textes. S'attacher à en suivre le réseau complexe et sinueux revient à se placer sur la parallèle d'un discours imaginaire qui court de front avec le déroulement d'un récit. Sorte d'infra-langage, le réseau de ces images et métaphores récurrentes reproduit en filigrane et fait résonner un propos romanesque au premier degré, de même qu'il traduit l'intime complicité entre une image dominante et les différents éléments d'un sujet romanesque.

Quand on parle de l'élément dominant d'un imaginaire, on ne peut s'empêcher de faire référence à Bachelard. S'il nous fallait choisir entre la terre, le feu, l'air ou l'eau, c'est sans hésitation sous la bannière de ce dernier élément que nous rangerions l'imaginaire gracquien. Classification qui vaut ce qu'elle vaut en tant que classification, c'est-à-dire non exhaustive et devant rester ouverte, soulignant seulement la marque d'une préférence. On ne s'étonnera donc pas de trouver au cours de cette étude de nombreuses références ou allusions à Bachelard.

Or, en nous appliquant à relever les nombreuses récurrences aquatiques, à travers images et métaphores, il nous est apparu que l'eau était porteuse de signes, et cela à plusieurs égards.

Nous nous sommes alors penché sur ce que pouvait exprimer telle ou telle série métaphorique.

La métaphore de la dissolution par exemple, est pour nous, non seulement la transcription poétique d'une sensation, mais aussi la solution poétique d'une « idée », d'un Espoir. Derrière cette image s'embusque en effet un « pro-jet », c'est-à-dire un « quelque chose » qui précède l'écriture, qui la sous-tend. Et nous avons cru déceler, à travers elle, la formulation transposée du Désir surréaliste d'Unité.

De même, l'eau vue comme « dominante imaginaire » du paysage gracquien avait un « sens ». Un monde dont les éléments se fluidifient est ressenti dans toute la plénitude de ses dimensions cosmiques et universelles. La mise en résonance des éléments d'un paysage fait revivre la communication que les Surréalistes se sont efforcés de ressusciter, entre les forces cosmiques, mais aussi entre le cosmos et l'homme. Fluidifier le paysage et l'homme, c'était abattre leurs frontières.

Plus profondément encore, l'eau s'est révélée comme étant la métaphore du Surréel lui-même.

Notre démarche devait donc tenir compte de deux choses au moins : d'une part, en emboîtant le pas à Bachelard, elle tend à constater la trame sous-jacente d'un « *tempérament onirique fondamental* » (p. 7[1]), mais d'autre part, elle tend aussi à souligner en quoi ce choix, ou si l'on veut, cette « préférence » de l'imaginaire, coïncide avec une tentative de réalisation du projet surréaliste. Projet surréaliste de la réconciliation de l'homme avec l'univers, et projet poétique,

4

puisque la Poésie est la voie royale qui mène à cette Unité recouvrée. C'est donc dans cette double optique que nous aborderons les œuvres romanesques de J. Gracq.

Les métaphores et les images de l'eau sont pour nous essentielles dans l'œuvre de Gracq, œuvre romanesque aussi bien que critique d'ailleurs, en ce qu'elles sont le symbole même de la « solution poétique » de l'auteur, solution sans cesse « remise dans le jeu ». L'eau accomplit en ses images la réunion de tous ces aspects et anéantit les dualités. Par elle s'exprimera l'Espoir [2], par elle, la mort, l'attente, la quête, le Désir seront suggérés avec force, par elle, le projet de communion se réalisera (ou tentera de le faire), communion de l'homme et du monde, mais aussi communion de la pensée et de la poésie, du discours et de son illustration.

Mais, il est entendu que l'énigme subsistera, énigme d'une écriture qui ne se rend pas, et nous nous placerons aux côtés de F. Van Laere pour relativiser ce qui n'est qu'une manière d'appréhender les œuvres, une manière parmi d'autres, une manière de « lecture » : : *Mais comment capturer, captiver cette écriture qui nous prend elle-même aux ouïes ? On tâchera donc d'en parler, sans méthode ni technique de pêche, avec le geste simple et maladroit de l'algue. Étant entendu que le poisson, soluble, nous échappera. Et que, peut-être, il ne subsistera visible que la course d'une eau...* » (p. 255-6 [3]).

I

LES AFFINITÉS
ENTRE L'EAU ET LE PROJET SURRÉALISTE

l'eau et sa fonction d'universalisation

Pour rêver profondément, nous dit Bachelard, il faut rêver avec des matières (voir p. 33 [1]). Or, J. Gracq semble faire mieux encore, puisque la matière dominante qui modèle ses paysages et sa représentation du monde, bouscule jusqu'aux frontières de l'humain : « [...] *le monde garde son rôle apparent et passif de support et de décor.* » (*En*, 5).

Par son caractère véritablement obsessionnel, l'eau fait figure d'une sorte de référent constant auquel se ramènent tous les autres éléments du décor, hommes et choses.

Mais conjointement à cette homogénéité, existe une pluralité, celle de la diversité des « eaux gracquiennes ». Le paysage, placé sous le signe de l'eau, présente en effet une infinité de variantes aquatiques. Non seulement la mer, mais la pluie, la brume, le marécage, la rivière, la neige aussi participent à cette grande symphonie aquatique. Mais l'eau n'est pas seulement omniprésente, elle est aussi dominatrice : dès lors, le paysage se trouve comme translaté et redéfini par rapport à cet élément fondamental qu'est l'eau. Celle-ci va prêter sa nature à tous les matériaux d'un décor qui ayant ainsi un référent commun, se trouve unifié et accordé par des liens dont les Surréalistes ont été les promoteurs irremplaçables.

Ainsi, l'eau se trouve embusquée au sein de la métaphore la plus inattendue qui elle-même unit les réalités les plus diverses. Par son omniprésence dominatrice, l'eau prête à l'imagination gracquienne « sa propre substance, sa propre règle, sa poétique propre ». Placée comme au centre de l'imaginaire, le jeu de sa référence procède par une sorte de mouvement irradiant : l'eau est un foyer d'ambivalences et d'ambiguïtés.

Avant d'essayer de prêter « un sens » à ces métaphores récurrentes, nous nous contenterons dans un premier point, d'une vue panoramique des images aquatiques.

La plus ostentatoire de ces images et peut-être la plus importante d'entre elles est la mer. Elle est la toile de fond de tout récit (même du *Balcon en forêt*, comme nous le verrons plus loin), mieux encore, selon S. Grossman, elle est « *l'élément fondamental du récit gracquien* » (p. 15 [4]) (et nous pourrons jouer sur le double sens du mot *élément*).

Or si la mer est unifiante, ce n'est pas tellement par son omniprésence, mais c'est surtout parce qu'elle propage dans tous les récits la même atmosphère, toujours semblablement diverse, nous replongeant ainsi chaque fois dans cet état de « prédisposition », « d'attention à ». Si nous essayons de tracer le profil de cette mer, nous voyons en effet qu'elle se présente toujours « vide » et « immobile ». La mer des *Syrtes* est une mer « *vacante* » (*RS*, 196), « *vide* » (10), « *morte* » (13). De même, à *Argol*, l'océan ne se peuple jamais de bateaux (*CA*, 48—50).

Ce qui ressort de la mer ici, est moins la mer en tant que telle, que les connotations d'étendue, de vide, d'espace que le mot véhicule. Ainsi, l'espace géographique prête sa mesure à un champ tout intérieur. Il est le moule où le projet s'inscrit, mais de telle sorte qu'il semble sortir de lui (et non s'y plaquer). La mer « prédispose ». Le vide appelle le plein et l'événement, la ligne d'horizon évoque l'au-delà. La mer est le lieu transgressif par excellence, le lieu d'une communion qui sera aussi bien horizontale que verticale. Rappelons-nous en effet « le bain » d'*Argol*, et l'importance que prendra alors la dimension *haut* et *bas* [5].

La mer est obsédante à plusieurs points de vue.

Elle l'est tout d'abord sur un plan « figuratif » (le côté passif du décor). L'ambiance marine va bien au-delà de la simple proximité maritime. L'atmosphère sous-marine sera également, et surtout peut-être, l'apanage de tout lieu significatif chez Gracq. C'est tout d'abord la haute pièce du château d'*Argol*, où se tisseront les liens particuliers entre les trois personnages, qui est perçue à travers « *une épaisseur sous-marine* » (*CA*, 28, 101). « L'aquarium » se présente comme une sorte de thème satellite, qui véhiculerait le concept de mer, en l'inscrivant d'une façon détournée dans chaque parcelle d'un décor, qui par là même, en adopte les implications et la « charge émotionnelle ». Ce leitmotiv de l'aquarium se répercute d'un récit à l'autre. Il est d'ailleurs souvent associé au silence, comme dans « La Presqu'île », où la pièce de Nueil apparaît à Simon « *aussi exactement comblée de silence qu'un aquarium de son eau* » (*P*, 131).

La rêverie s'attarde d'ailleurs souvent sur cette vision du monde au travers du prisme aquatique comme ces silhouettes « *qui semblent flottées sur une eau lente se déplacer aussi incompréhensiblement que des pièces d'échecs dans l'aquarium de cet* intérieur *inconnu* » (*RC*, 217).

L'ambiance sous-marine se retrouve également dans le thème récurrent de la « chambre sous l'eau ». On a souvent parlé du « lieu clos » chez Gracq, mais ce lieu, navire ou pièce, est lui aussi en relation directe avec la mer. C'est tout d'abord la « grotte sous-marine » qu'évoque le palais Aldobrandi pour Aldo, lors de la soirée donnée par Vanessa. L'allégorie sous-marine se poursuit, et la perception insiste sur les éclairages de « *demi-jour verdâtre et vitreux de grotte moussue et d'étang habitable* » (*RS*, 87), de « *grotte marine* » (88).

La maison de Mona subit elle aussi cette mutation aquatique, et Grange regarde « *autour de lui, encore étourdi par le choc de sa blessure, flotter l'eau lourde de la pièce claquemurée qui dormait debout sous la lune* » (*BF*, 250).

Mais le lien visuel de la lumière n'est pas le seul à créer cette atmosphère particulière. L'odeur, le son, le mouvement de l'eau y participent également. L'eau stagnante et son odeur de pourriture imprègnent tous les lieux du *Rivage des Syrtes* : l'amirauté avec son « *odeur froide de cave et de pavé moisi* » (*RS*, 22) ; le canal qui mène au palais est un canal d'eaux « *croupies* » (55) et fermentantes, Orsenna a une odeur de marécage (277). De même, dans la forêt d'Argol, on entend « *murmurer les eaux sous le moutonnement monotone des arbres* » (*CA*, 24). Comment d'ailleurs ne pas songer ici au « moutonnement des vagues » ?

Un autre thème véhicule les mêmes impressions de « clos » et d'« humide », y ajoutant aussi le « sombre », c'est celui du puits. Là encore, la salle centrale du château d'Argol, présente « *le volume d'un vaste puits couvert qui eût perforé de haut en bas tout l'édifice* » (*CA*, 27). L'île de Vezzano, où se trouvent Aldo et Vanessa, est « *un puits d'oubli et de sommeil* » (*RS*, 147). Nous retrouvons la même image pour la maison de Mona : « [...] *il s'imaginait avec désir l'étang de calme, le frais puits noir qui filtrerait avec la nuit au creux de la maison fermée* [...]. » (*BF*, 182).

Mais le type d'image qui met le lieu clos directement en relation avec l'élément liquide, est évidemment celle du navire. Le château d'Argol est un « *vaisseau magique* » (*CA*, 32), le palais Aldobrandi, un « *navire mal ancré* » (*RS*, 166), l'hôtel des Vagues, « *appareille pour l'été* » (17), tandis que la maison de Nueil, elle, « *appareille pour la nuit* » (*RC*, 200). Dans *Un Balcon en forêt*, la maison forte elle aussi « *dérive à travers la nuit, en ordre de marche, étanche, toute close sur elle-même, comme un navire qui ferme ses écoutilles* » (*BF*, 140). Et bien d'autres exemples viendraient à suivre.

Le miroir, comme la flaque, peut se présenter comme une sorte de rappel au figuré et en rétréci, de l'élément liquide. De plus, le miroir double le monde et semble receler un arrière-monde (voir pp. 32sqq.[1]). La mer, signe et emblème d'un « au-delà » (ou « par-delà »), le miroir et son arrière-monde, autant de dispositions et d'invitations au projet.

C'est donc aussi dans toute sa dynamique propre que l'eau obsède le récit (le côté actif du décor). On a déjà insisté sur le rôle de la mer comme invitation au voyage, à la transgression, et par là même à la mort. Nous y reviendrons. Mais l'on voit déjà comment le décor aquatique galvanise l'événement en le préparant : il semble se creuser pour accueillir l'action, un peu comme le lit de Heide garde l'empreinte de son corps. Chaque récit de Gracq comporte de ces miroirs perçus là encore à travers le prisme aquatique. Ce sont par exemple les grandes glaces du hall de l'hôtel des Vagues qui « *reculaient dans une profondeur verte de sous-bois, un espace liquide* » (*BT*, 192). C'est aussi le miroir dans la chambre de Vanessa, miroir dont l'homme se sent « *glisser lentement de l'autre côté* » (*RS*, 162). C'est encore chez Nueil, la « *glace dans le fond de la pièce, la longue flaque du piano* » (*RC*, 208). Flaques et miroirs se rejoignent : ils multiplient les dimensions et participent à cette atmosphère qui vise à décentrer l'imaginaire par rapport au réel, à briser les frontières du reflet et de l'objet reflété, à inverser et confondre le haut et le bas, le réel et l'imaginaire, le ciel et la terre. C'est peut-être là où l'eau gracquienne va se trouver investie de toute la portée de sa mission, surréaliste, à savoir, « saisir le point suprême où les contraires cessent d'être perçus contradictoirement ».

Nous abordons par là même le domaine des affinités que l'eau entretient avec le projet gracquien. La fonction unifiante de l'eau dans le récit ne correspond pas seulement au penchant d'une imagination, à ce besoin d'homogénéité pour atteindre à la profondeur, à l'épaisseur poétique. Bien plus qu'un « dynamisme organisateur », elle correspond aussi chez Gracq à une sensibilité particulière aux Surréalistes, sensibilité animée par le Désir d'Universel (voir pp. 50, 56 [6]).

Dès lors, la fonction unifiante de l'eau se teinte d'une dimension quasi métaphysique, dans la mesure où elle devient fonction « universalisante ».

Ainsi, l'omniprésence de l'eau remplit une double fonction : d'une part, elle participe comme nous l'avons vu à la création d'un milieu imaginaire homogène, lui prêtant ainsi sa poétique propre et donnant au décor gracquien un rôle actif-passif de support et de décor. D'autre part (et bien que la séparation soit toute formelle), l'eau est aussi l'élément sans doute le plus apte à exprimer sur le plan poétique une vue cosmique du monde. L'eau unifiante devient, à la lumière du projet surréaliste, l'élément universalisant. La mer prendra alors l'aspect d'une représentation cosmique, elle sera pour l'imaginaire le Cosmos par excellence.

Les textes de J. Gracq se réfèrent souvent à un âge d'or où tout était encore soumis à la « primitive unité ». Souvenons-nous en effet de ce matin où Heide, Albert et Herminien, dans un bain symbolique prennent contact avec l'au-delà. C'est « un matin de la création » : « [...] *comme si l'œil enchanté, au matin de la création, eût pu voir se dérouler*

le mystère naïf de la séparation des éléments. » (*CA*, 88).
Le rêve d'universalisation va s'investir dans la rêverie aquatique, c'est-à-dire dans la rêverie d'une matière privilégiée
par sa qualité d'élément originel. Les images de l'eau chercheront donc à rapprocher les réalités les plus lointaines
et à les associer, à les conjuguer (voir p. 138 [6]).

L'homogénéité de la représentation imaginaire correspond au Désir surréaliste de « Retour à l'Un ». Il s'agit donc
pour l'écriture poétique d'abroger les frontières entre les
différents plans du réel et d'atteindre le Surréel.

Découvrir des associations nouvelles, les liens mystérieux
entre les choses, voilà ce que se propose en partie l'écriture
gracquienne. Or, le langage est là aussi pour unir le projet
surréaliste au projet poétique. Bousculer l'ordre tout apparent des choses, c'est aussi bousculer l'ordre des mots (voir
p. 211 [6]).

C'est à la Poésie, et à elle seule, que revient la mission
de faire surgir une réalité nouvelle. « *La poésie* », nous dit
F. Alquié, « *porte le poids de toute l'attente de l'homme, et
recueille l'héritage de la religion.* » (p. 59 [6]). Ainsi, la poésie
répondra au Désir d'Universel, en prenant pour seule loi (si
tant est qu'elle en accepte) celle de l'Analogie. Le domaine
de l'image et de la métaphore gracquienne relèvera donc de
l'Analogie, non de l'identité. Ce mode nouveau d'appréhen-
sion du monde qui sous-tend toute l'œuvre de J. Gracq, est
déjà inscrit explicitement dans *Au château d'Argol*. L'auteur
nous parle de « *bizarres rapprochements, et moins ceux de
la ressemblance que ceux à tous égards plus singuliers de
l'Analogie* » (*CA*, 108-9). Cette loi présidera au fonctionnement
de l'image, et à celui des métaphores de l'eau en particulier.
Elle correspond aussi à leur projet, en faisant surgir une
réalité nouvelle, étant entendu que le Surréel est toujours
« *demi-révélation* », « *touché* » plus que compris (p. 188 [6]).

Le mode de fonctionnement de l'image se confond avec le projet. C'est, non seulement, comme Aldo, « *guidé par le fil de cette analogie vague* » (*RS*, 31), qu'il nous faut appréhender les textes, pour saisir toute leur profondeur, mais c'est aussi à sa lumière que les images de l'eau prennent, par leur fonctionnement, toute leur signification. Projet poétique et poétique d'un projet semblent solidairement et inéluctablement accordés, dans la mesure où l'Analogie est à la fois l'arrière-plan et le mode d'être de l'image.

Si nous revenons au paysage, ce nouveau plan abordé dans le monde de l'imaginaire nous conduit à voir l'eau non plus seulement présente au sein de ses manifestations les plus directes, ou à travers ses thèmes satellites, mais encore en arrière-plan de toutes les autres composantes du décor.

L'exemple le plus frappant que l'on puisse sans doute en donner, est celui des liens qu'entretiennent la mer et la forêt. J. Gracq lui-même nous dit (*JG*, 220-1) que ce sont là deux lieux de prédilection, qui ne s'équivalent pas, mais « *s'appellent l'un l'autre* ». Ce qui les relie est du domaine de la correspondance la plus étroite, et bien que l'auteur ne veuille pas parler d'équivalence, il nous faut pourtant bien parler d'une sorte d'« ambivalence », puisque la forêt, lorsqu'elle apparaît, appelle des images marines, comme si l'imaginaire ne pouvait s'empêcher de chercher en l'élément liquide le référent analogique faisant « toucher » à l'esprit la substance du référé, un peu comme si l'image avait besoin d'un miroir pour « contacter » son identité.

Nous avons dit plus haut, que la mer était la toile de fond commune à tous les récits. Nous pouvons noter que *Un Balcon en forêt* n'échappe pas à cette domination de l'élément liquide sur l'imaginaire. C'est en effet sur le mode du « figuré » que la mer fascinera l'écriture de ce roman. La mer et la forêt y échangent attributs et fonctions : « [...] *il abor-*

dait à la lisière des bois comme au rivage d'une île heureuse. » (*BF*, 84).

De même, dans une expression comme « *le grand large des bois* » (*BF*, 100), mer et forêt se trouvent soudainement rapprochés, et l'image fait surgir l'une de ces « identités secrètes » qui jalonnent l'imaginaire gracquien. La description de la forêt nous replace sans cesse dans un milieu marin, par des métaphores qui semblent « sauter à pieds joints » les cloisons du réel, comme par magie : « [...] *on apercevait les premiers poiriers de l'allée, branchus et raides dans le clair de lune comme des coraux dans le fond de la mer.* » (102).

L'inversion se fait si profonde, que le « *bruissement grave de la forêt* » (*BF*, 103) évoque tout naturellement la marée : « [...] *il écoutait dans le noir leurs deux souffles mêlés passer et repasser sur le long bruissement grave de la forêt ; c'était comme le bruit des vaguelettes au fond d'une grotte qui respirent sur la clameur même des brisants ; la même épaule énorme de la marée qui balayait la terre les soulevait, portait ensemble la veille et le sommeil.* »

La forêt d'Argol elle aussi est doublée par une mer déjà omniprésente. Maintes fois, le texte nous parle d'une mer d'arbres (voir *CA*, 29, 119, 142...) et la métaphore se prolonge par celle du château devenu « vaisseau » :

[...] la cage d'escalier [...] craquant et sonore comme la coque d'un vaisseau.   (*CA*, 29)

[...] comme sur le pont d'un haut navire engagé dans les houles [...].   (*CA*, 29)

[...] un vaisseau magique au-dessus des vagues profondes de la forêt.   (*CA*, 32)

[...] les oscillations bouleversantes de l'entière masse du château engagé comme un navire en détresse au travers des houles puissantes de la forêt.   (*CA*, 138)

S'enfoncer dans la forêt d'Argol, c'est se mouvoir davantage peut-être dans un « *abîme sous-marin* » (*CA*, 107) que dans un milieu végétal. Argol serait la forêt marine, tandis que celle du *Balcon en forêt* serait peut-être plus proche du végétal. Pourquoi cette analogie entre la mer et la forêt ? Ce sont pour l'auteur deux lieux de prédilection, deux lieux où doit « arriver quelque chose ». Si l'on ne parle pas d'équivalence, parlons au moins d'« affinités », et d'« affinités électives ». Mer et forêt sont « *complémentaires* » (*JG*, 220) et s'attirent l'une l'autre nous dit Gracq. Mais, les métaphores ont un « sens », un « courant », qui ne se remonte pas. Les images vont en sens unique, et la mer absorbe la forêt, dans la mesure où c'est elle qui est le référent de la forêt (et non l'inverse).

Peut-être est-ce là une signification possible de la « *revanche élémentaire* » (*RC*, 218) dont nous parle « Le Roi Cophetua » : « *C'était comme un village au péril de la mer. On eût dit que la forêt écumeuse allait d'un instant à l'autre déferler par-dessus sa digue dans une espèce de revanche élémentaire.* »

Que faut-il saisir ? Revanche de l'eau en tant qu'élément, ou revanche de l'élément « eau » sur l'élément « forêt » ? Quoi qu'il en soit, l'analogie poussée au paroxysme nous fait toucher leurs liens magiques et les images aquatiques nous placent dans ce lieu privilégié où veille et sommeil, rêve et réalité se confondent.

Un autre lieu entretenant des affinités avec la mer est le désert des Syrtes. Sans nous y attarder, nous constaterons que tous les lieux significatifs se rejoignent comme par des ponts jetés entre leurs caractéristiques. Ainsi, pour la mer, le désert ou la forêt, l'imaginaire capte des connotations similaires, éparses et parcellaires, qui sont tantôt le bruit, ou le silence, tantôt l'espace ou le vide : l'analogie n'a pas besoin d'une « *ressemblance continue entre deux ordres de réalité* » (p. 158 [7]).

Leur rapprochement « bizarre » est de plus, souvent, l'œuvre d'un tierce comparse, comme par exemple le vent : « [...] *ce secret des forêts proches de la mer, accordées à la mer sous les doigts musiciens du vent.* » (*BT*, 79).

Mais l'une des substances fondamentales qui unit les lieux, tout en adoptant les caractères et les qualités de la matière aquatique, est la nuit. C'est bien comme « substantifiée » que celle-ci nous apparaît en effet.

Par elle aussi nous sommes replacés dans ce monde d'avant la séparation des éléments, où tout communique et semble s'unir comme pour une grande liturgie de la nature. Devenue élément à son tour, la nuit se présente à nous le plus souvent, comme une sorte de symétrique enténébré des vastes étendues marines. La nuit est à la mer un peu ce qu'Herminien est à Albert, Dolorès à Allan : un double face Nord, le côté négatif du profil. Or, c'est sans doute par ce côté-là que les êtres s'accordent le plus profondément au monde : ils communient peut-être davantage avec l'Infini dans la contemplation d'un ciel noir, de même que c'est en absorbant « *le liquide sombre* » (*CA*, 177), qu'ils parviennent à la dernière connaissance. La nuit, comme l'eau, suggère l'Infini et l'Au-delà. Se plonger en elles, c'est déjà être ailleurs. Rappelons que souvent la transgression ultime s'effectuera sous le signe de la nuit : le viol de Heide s'accomplit dans une nuit dissolvante (125) dont elle sort « *comme du gouffre élastique des fraîches eaux* » (134). Avant d'aborder sa dernière heure, Allan nous apparaît lui aussi adossé à la « *nuit dissolvante* » (*BT*, 215). De même, Aldo se baigne « *dans ces nuits du Sud,* [...] *comme dans une eau initiatique* » (*RS*, 18). La nuit devient « de » la nuit, c'est-à-dire matière, et matière liquide, puisque comme l'eau, elle dissout, absorbe et dilue. Elle devient « eau noire » :

l'énorme vague nocturne	(*BF*, 162)
l'eau lente de la nuit	(*BF*, 193)
le flot nocturne	(*BT*, 136)

Or, le caractère d'étrangeté de ce paysage va se trouver encore accentué par la collusion de tous ces thèmes. Mer, nuit et forêt se trouvent souvent rassemblées, et une sorte de contamination se crée alors, les rendant presque tangibles : « *Le froid, le silence, l'immobilité, la nuit, il les avait toujours aimés, mais parfois, au creux d'une forêt, devant une mare dormante, dans l'accueil figé d'une pièce vide, il les touchait du doigt* [...]. » (*P*, 138).

On voit bien ici comment l'esprit procède, par analogie et contamination, sorte de lien secret et plus libre que la ressemblance.

Or, il semble souvent que la trame dynamique des images de l'eau s'appuie sur une dialectique, c'est-à-dire sur un rapport de va-et-vient constant entre ses membres. C'est bien ce que semble exprimer, par exemple, cette inversion fréquente du haut et du bas, du ciel et de l'eau : « *les étoiles nageaient* » (*P*, 172), « *navigation céleste* » (*CA*, 51), « *un ciel de nuages* [...] *sa dérive lente* » (*R*, 17).

Ainsi, l'eau imprime son mode d'être à la nuit, au désert, à la forêt. Mais, la rêverie gracquienne n'est pas seulement une rêverie matérielle, c'est aussi et surtout une rêverie « associative », une rêverie qui tend « *non vers l'indistinction finale et vers la sécurité de l'élément, mais plutôt vers la totale liberté d'association qui remet sans trêve dans le jeu les significations et les images* » (*EÉ*, 46-7).

D'où les rapprochements que l'on relève entre l'eau et des phénomènes abstraits, des concepts, pourtant sans rapport apparent avec elle. La guerre par exemple est associée

à la marée, c'est un flot qui se retire (*BF*, 179), ou encore :
« *elle reflua sur moi* » (*RC*, 192).

Calme, silence, immobilité, tranquillité, oubli, autant de mots qui se croisent et se rassemblent dans des images aquatiques :

étang de calme	(*BF*, 182)
Le silence [...] reflua dans la pièce, aussi paisiblement que l'eau dans une épave	(*BF*, 134)
un silence de cloître et d'eau croupie	(*BF*, 198)
le silence se referma comme une eau tranquille	(*BF*, 252)
le silence qui paraissait se refermer sur lui avec un curieux pouvoir d'engloutissement	(*CA*, 137)
silence d'étang noir	(*RC*, 214)
cascades de silence	(*RS*, 159)
flaque de silence	(*P*, 70)

aussi exactement comblée de silence qu'un aquarium de son eau
(*P*, 131)

Les associations sont diverses et inattendues : ainsi, la musique fait songer à des « *houles mélodiques* » (*CA*, 111). Le matin suinte, « *comme l'eau d'une coque disjointe* » (*BT*, 185), l'air lui-même est « *presque liquide* » (*RS*, 88), la lumière apparaît souvent en « flaques » (voir *CA*, 27, 28)... bref, l'Analogie préside à toutes sortes d'associations et s'immisce dans tous les domaines de l'imaginaire, elle met l'eau à la croisée de tous les chemins qu'emprunte la rêverie, matérielle ou associative.

Elle accomplit ainsi dans l'écriture poétique cette aspiration à l'Unité qui caractérise le projet surréaliste, rendant les deux inséparables. Les Surréalistes, qui portaient toute leur attention à déchiffrer les Signes du réel et dont la motivation était de faire surgir cette Surréalité où tout communique librement, devaient trouver précisément en l'« eau » un élément dont la pluralité le douait de cette propension à saisir tous les hasards de l'Analogie. Ce sont avec ces métaphores que l'Analogie poétique pourra le plus pleinement s'exercer, et nous communiquer la « Vision », le contact de ces « identités secrètes entre les choses »...

L'eau est un mythe en elle-même, mais cette dimension s'enrichit de toute une série de mythes qui se polarisent autour de l'élément liquide. Ils plongent leurs racines dans des couches culturelles diverses et l'imagination gracquienne, essentiellement libre et ouverte, puisera aussi bien dans la mystique et la mythique chrétienne, que dans les mythes païens. Nous retrouvons là cette inspiration « *mi-profane, mi-sacrée* » dont nous entretient A.C. Dobbs [8]. Voyons tout d'abord quels sont ces mythes chrétiens présents dans nos récits et où l'eau tient une place essentielle. Robert Couffignal, lors du Colloque international (Angers 1981), a relevé nombre de références bibliques dans l'œuvre de Gracq et notamment dans *Au château d'Argol* et dans *Un Beau ténébreux.* Sur une vingtaine de références qu'il nous y donnait, nous pouvons à notre tour prélever au moins quatre qui mettent l'eau directement en scène :

au matin de la création [...] le mystère naïf de la séparation des éléments	(*CA*, 88 — Gn I, 4)
Il semblait qu'elle marchât sur les eaux	(*CA*, 88 — Mt XIV, 25)
ce paysage de déluge	(*BT*, 17 — Gn VI)
Une main qui calme la mer	(*BT*, 48 — Mt IV, 26)

Or, ces références se doublent d'un arrière-plan profane. Ainsi le « *mystère naïf de la* séparation des éléments » (*CA*, 88) fait directement allusion à cet âge d'or de communication intégrale entre tous les éléments de l'univers dont les Surréalistes se sont faits les ardents restaurateurs. De même, nous retrouvons une certaine nostalgie du magique dans le fait de marcher sur les eaux ou de calmer la mer. Notons d'ailleurs que cette dernière image trouve un symétrique dans le monde des légendes (« *accalmie enchantée* » ; *RS*, 207).

Or, si l'eau est présente au sein de ces images bibliques, elle l'est aussi dans d'autres images qui sans appartenir directement à la Bible, n'y font pas moins allusion. Que dire par exemple de ce « *sauvé des eaux* » (*BT*, 216) ?

L'image de Moïse sauvé pour vivre et pour sauver à son tour se profile derrière la parole d'Allan. Mais pour lui, se sauver serait se perdre et c'est justement dans la perte de la vie, dans la mort, qu'il trouvera le Salut. On voit bien comment, ici, la référence chrétienne se trouve vidée de sa substance. Seul le cadre est conservé, mais l'image, elle, est inversée. N'est-ce pas la même idée de « vie retrouvée dans la mort » qui est inscrite dans l'image de la « *naissance au péril de la mer* » (*RS*, 174) ? Superposant au thème de la Nativité chrétienne, celui d'une autre sorte de naissance, à savoir, le Salut par la transgression et peut-être par la mort ?

Un autre leitmotiv chrétien se retrouve aussi dans l'œuvre de Gracq, à la croisée d'une sensibilité chrétienne mystique et d'une autre plus profane, plus « élémentaire ». Ce thème, c'est l'alliance du feu et de l'eau, thème ancestral qui exerce toujours sur l'imagination une fascination commune à tout ce qui unit les contraires. C'est ainsi que nous trouvons l'image de *« la mort dans la flamme qui viendra sur l'eau »* (*RS*, 279), celle de « *ces buissons ardents qui semblaient brûler sur l'eau* » (*RC*, 187). On sait que la flamme sur l'eau est un thème mortuaire par excellence. Mais la vision païenne de la barque mortuaire, ornée de flambeaux et descendant le fleuve comme pour un dernier voyage, se double du symbole chrétien du « buisson ardent » transposé sur l'eau, comme le signe d'un décalage de sens. Tout aussi représentative est cette métaphore : « *Le monde ne semblait plus peuplé que de petites âmes mortes, légères, légères, pareilles aux langues de feu qui voltigent sur les marais* [...]. » (*BF*, 216).

Deux tendances opposées animent ici l'imaginaire. La langue de feu ne fait-elle pas songer au Saint-Esprit en même temps qu'elle fait resurgir la légende du feu follet dont tout enfant a tenté de saisir la vision nocturne ? On voit donc bien à travers toutes ces images de quelle manière l'auteur articule les mythes, un peu comme un alchimiste qui joue des matières pour en créer de nouvelles. Ce n'est donc pas dans ces images aquatiques qui font plus ou moins directement référence à la Bible et à ses mythes qu'il faut chercher l'intonation mystique, car on s'aperçoit très vite que la référence n'est que jeu truqué. Par contre, c'est peut-être davantage dans ses connotations de « pureté » que l'eau gracquienne prend ses accents les plus mystiques.

Elle est alors pensée comme une force. Or, les images liées à la purification par immersion (ou même aspersion) sont nombreuses. Le symbole prend toute son ampleur dans « Le Bain » du *Château d'Argol*, où c'est peut-être là que le rite sacré est le plus intensément suggéré. Mais d'autres images encore jalonnent l'œuvre, se référant aux fonctions purificatrices et salvatrices de l'eau : « [...] *la simplicité inexplicable de ses gestes comme retrempés dans la nageante pureté originelle, et comment il la lava* [...]. » (*CA*, 135).

La pureté est tellement liée à l'élément liquide que c'est elle qui « nage ». Une fois de plus, la métaphore gracquienne brise les données de la métaphore classique.

Immersion avons-nous dit, mais aussi aspersion, tant il est vrai que la pureté est liée à l'eau, matière, plus qu'à l'accomplissement du bain ou du lavage :

La surprenante lumière qui montait chaque matin des nappes d'eau claire de la rivière les attirait longuement, au travers d'un brouillard léger qui couvrait encore les hautes branches des arbres et, retombant sur eux en gouttelettes, semblait à leur visage mouillé la marque véritable du *baptême* d'une journée nouvelle, et comme l'onction même, rafraîchissante et délectable, du matin. (*CA*, 139)

Les éléments et les catégories du réel se chevauchent. La pureté est non seulement liée à l'eau, mais aussi à la fraîcheur, et à l'«origine», d'où l'importance du matin, commencement du jour. Nous retrouvons cela aussi dans « Le Roi Cophetua » : « *L'air était d'une fraîcheur baptismale* [...] » (*RC*, 250). Si la notion de pureté est commune à l'eau chrétienne et à l'eau gracquienne, le baptême en revanche est une fois de plus revu et corrigé. Certes, là aussi il est le signe d'une entrée dans une vie nouvelle. Mais la nature de cette vie est essentiellement différente. De la vie chrétienne, c'est-à-dire vécue dans la perspective de la foi, on glisse à une vie placée sous le signe du surréel qui, lui, s'il sort des cadres du réel, ne sort pas de ses cadres terrestres.

Cependant, l'eau gracquienne conserve à n'en pas douter des inflexions mystiques. Mais, là encore, de la mystique elle retient l'initiation, non la Révélation, la forme d'être, non le dogme. Cette inflexion, nous la retrouvons dans « *le reflet adouci, tremblé d'une langue de feu dans une eau mystique* » (*BT*, 89), dans « *l'eau initiatique* » (*RS*, 18), dans « *la barque mystique* » (174), ainsi que mélangée au monde des légendes (« *l'*au-delà *fabuleux d'une mer interdite* » ; 199).

Ces superpositions mettent l'imaginaire dans une zone frontière, aux confins de réminiscences profanes et sacrées, où seule importe, non la métaphysique attachée aux rites et au sacré, mais plutôt son esthétique : le projet qui se fait jour alors étant essentiellement d'ordre artistique.

La mythique chrétienne n'est d'ailleurs pas la seule à donner aux métaphores de l'eau cette coloration particulière. Celles-ci se réfèrent également à tout un monde laïque et profane, de mythes et de légendes, où cohabitent les inspirations les plus diverses. Le mythe du voyage par-delà les mers, par exemple, et la fascination qui en découle, sont intensément présents au cœur des récits :

le reflet trouble des mers lointaines (*RS*, 53)
pilleurs d'épaves (*R*, 25)

La mer a été de tout temps le lieu de l'aventure et du mystère et peut-être pouvons-nous même discerner dans l'obsession de « *l'étang habitable* » (*RS*, 87) ou de la chambre sous-marine, une certaine nostalgie de l'Atlantide.

Mais l'une des notions les plus universelles qui s'attache à l'eau, et qui se retrouve ici, est celle du temps. Celui-ci en effet trouve en l'eau qui coule l'une de ses figurations les plus adéquates et les plus anciennes. Les romans gracquiens nous donnent de nombreux exemples de ce qui est en définitive l'alliance de deux mythes :

[...] l'horloge *tournant à vide* au-delà du temps sur lequel ne mordaient pas plus ses engrenages que la roue d'un moulin sur un ruisseau desséché [...]. (*CA*, 109-10)
Le temps coule pesamment vers le plus creux de la saison noire, la vie semble toucher à ses eaux les plus basses. (*RC*, 233)
[...] le Temps lui-même, avec une indolence feutrée et traîtresse, mordait sur la grève avec cette langue crissante [...]. (*P*, 94)
[...] il avait parfois le sentiment vif de ces joints mal étanches de sa vie où la coulée du temps un moment semblait fuir [...]. (*P*, 141)
[...] le *temps* même coulait, coulait comme un sang, coulait maintenant en torrent à travers les rues. (*RS*, 295)

23

Comme on le voit, l'eau n'en finit pas d'être le support privilégié de mythes engendrés par l'imaginaire et fait comme un pont jeté entre eux. Là encore, si l'eau a des reflets mythiques et mystiques, c'est par analogie, non par identité. La dimension mythique se révèle indispensable à une conscience artistique orientée vers l'élémentaire et l'universel. Nous la retrouverons, en voyant notamment les rapports on ne peut plus étroits que l'eau entretient avec la femme, et qui se trouvent comme condensés dans l'image d'Ophélie intensément présente au cœur des textes.

l'homme dans le paysage : « la plante humaine »

La dominante aquatique telle qu'elle nous est apparue, en unifiant les éléments d'un paysage sous un même emblème, participe au projet surréaliste d'universalisation. Elle a contribué à élaborer un paysage poétique (plus que romanesque), d'une épaisseur et d'une présence intenses, dont vont surgir les personnages. Contrairement au roman classique, il n'y a pas de cloisons entre personnages et décor dans les récits gracquiens. Comme le note S. Grossman : « *Les romans gracquiens sont caractérisés par une complicité qui réunit les personnages aux décors dans lesquels ils se meuvent et dont ils sont inséparables.* » (p. 158 [4]).

Ainsi, le mode de relation qu'entretiennent décors et personnages chez Gracq traduit un projet. Nous retrouvons là les mêmes données que lorsque nous avons vu les liens qui unissaient les différents éléments du paysage entre eux, mais cette fois cela concerne les liens que l'Homme va entretenir avec le monde. Une tentative se fait jour, celle de faire de l'homme un être enfin « au monde », souci rimbaldien par excellence. Gracq lui-même écrivait à B. Boïe : « *Cette* réalisation, *capable de faire disparaître l'opposition entre le sentiment du* moi *et l'existence du monde sensible, me paraît toujours la seule chose qui vaille d'être recherchée.* » (cité p. 172[9]).

Or, la métaphore « clé » (sans chercher à mettre les œuvres en forme de serrure), qui à elle seule traduit ce dessein, cette aspiration profonde, est celle de « *la plante humaine* » (*Préf.*, 101). Comment, en effet, pourrait-on mieux traduire l'insertion quasi analogique de l'Homme dans le monde ? Inscrit dans un paysage aux dimensions cosmiques, il va lui-même en devenir un élément. B. Boïe explicitait la métaphore en ces termes : « *Ce qu'il faut ressusciter, c'est l'homme total, l'homme "constamment replongé dans ses eaux profondes, réaccordé magiquement aux forces de la terre,"* [*Préf.*, 102] [...]. » (p. 126[10]).

Quand on cherche à parler des récits gracquiens, ou à en commenter l'écriture, il est significatif que l'esprit emprunte tout naturellement la voie du langage métaphorique. Or, que trouve-t-on le plus souvent au cœur de ce langage ? L'eau. Elle est commune au langage poétique et à un langage « commentaire » qui trouve en ses métaphores l'expression la plus précise et la plus adéquate. Nous reparlerons de ce dernier aspect, mais arrêtons-nous un moment sur le réseau métaphorique qui va traduire ce projet et ce désir de conciliation. On peut discerner deux séries principales de métaphores aquatiques à ce niveau : celles qui mettent au premier plan ce que nous appellerons « l'eau végétale », et celles qui ont pour support une eau cosmique, la mer par exemple.

L'image de la « plante humaine » synthétise bien le mode de relations que le personnage va entretenir avec le décor[11].

Détachés d'elle, mais cependant si étroitement liés à cette toile de fond, les personnages, surtout les personnages féminins, se trouvent presque « redéfinis » en termes de nature.

Mona est « *une fille de la pluie* » (*BF*, 53) et aussi « *une petite sorcière de la forêt* ». On voit bien ici comment l'eau et la forêt, notamment par leur arrière-plan mythique, sont mis en correspondance. Toutes les femmes gracquiennes font l'objet d'une telle translation poétique. Le sentiment de faire partie intégrante du paysage qu'ils ont sous les yeux s'exprime le plus souvent, pour les héros, par une métaphore aquatique. Aldo, par exemple, lorsqu'il ressent l'atmosphère déliquescente d'Orsenna : « [...] *je plongeais avec délectation dans ces profondeurs qui fermentaient* [...]. » (*RS*, 54). Plus loin, nous trouvons : « [...] *déjà le paysage avait bu l'homme comme un sable altéré.* » (187).

« L'impressionnalité » du paysage sur l'être est si forte, qu'une sorte d'osmose semble devoir irrémédiablement s'accomplir entre eux. Plus profondément encore, l'homme lui-même semble s'abolir et se fondre dans le milieu ambiant. Le mouvement dialectique est ce qui caractérise le rapport de l'être au monde. Certes, il surgit du paysage, mais, dans un même temps, une attraction centrifuge semble le tirer vers un retour à l'élément originel, pour une suprême communion. Le sentiment de l'être au monde, dans la perspective surréaliste, est tellement exacerbé qu'une continuité de nature semble s'instaurer. Simon, par exemple : « *Dès qu'il commença à rouler sur la route de Kergrit, il se sentit inclus et presque baigné dans l'espace frais et ouvert* » (*P*, 58).

Nous avons vu que le paysage était uni par l'eau. Cette unité va englober l'être qui à son tour éprouve la liquidité de l'espace, devient lui-même une sorte de liquide, c'est-à-dire une matière capable de pénétrer toute chose et d'être pénétrée par elle : « *Son esprit était rafraîchi comme un paysage après l'averse, il lui semblait qu'il marchait nu ; les odeurs, les bruits espacés entraient en lui comme si son corps eût perdu sa frontière.* » (*P*, 160-1).

« Perdre sa frontière », voilà bien résumé un désir dans lequel S. Grossman voit la « *nostalgie fondamentale de l'unité et de la communion avec les forces cosmiques* » (p. 42 [4]). Nous passons donc insensiblement de l'eau « végétale » à une eau plus « totale », plus englobante, à une eau cosmique.

La mer évoque l'Infini par ses deux dimensions : verticale et horizontale. Le héros gracquien se confronte souvent à l'une ou à l'autre, à l'une et à l'autre. *Un Beau ténébreux* nous donne une illustration de ce face-à-face fascinant :

> « J'aime cet instant où l'homme se présente à la mer, droit, profilé, dans une soudaine et hautaine gravité, un rassemblement de sa force, de son humanité devant l'élément, puis s'incline tout droit comme oscille une planche, avant la détente du bond. Oui, j'ai bien regardé Allan à cette minute, ces yeux mi-clos sur un songe voluptueux, cette face secrètement ravie, — et j'ai senti que l'eau l'appelait [...] » (*BT*, 49)

Cet appel, c'est aussi celui de la mer des Syrtes envers Aldo, de l'océan envers Heide. Le grand large et son envoûtement est comme l'expression horizontale de la communion de l'être et du monde.

Mais il est une autre série de métaphores aquatiques qui traduisent cet intense désir de communion, ce sont toutes les images relatives à la dissolution et à l'absorption. À l'infini par l'étendue, s'ajoute l'infini par la profondeur.

De la métaphore de la continuité, « *la plante humaine* » (*Préf.*, 101), nous passons aux métaphores de la dissolution et de l'absorption, non seulement représentatives d'une continuité, mais d'une profonde Analogie. Le point de contact entre l'homme et le monde se situe dans ces zones frontières, ces « *lisières attirantes de l'absorption* », selon l'expression même de Gracq, là où tout converge et collabore à « *la transgression du corps en matière du monde* » (p. 312 [12]).

Cette transgression, imminente d'un bout à l'autre des récits, est l'objet d'un espoir mystique, suscitant des images dont un certain lyrisme n'est pas absent. C'est ainsi que dans *Un Beau ténébreux*, nous retrouvons la flamme sur l'eau, et sa contemplation assidue engendre une sorte d'identification, qui va se traduire en des termes se rattachant habituellement à l'élément liquide, rappelant le mot de Novalis : « l'eau est une flamme mouillée » ; « [...] *je devenais cette flamme, je sentais sa lumière se nourrir dans mon cœur. Ah ! qu'elle pût me dissoudre, me fondre et me répandre, léger, fluide comme l'air, froid comme les dalles, dans les espaces nageants et frais* [...]. » (*BT*, 89-90).

Étrange incantation que nous retrouvons réitérée dans *Au château d'Argol*. « Le Bain » en effet, est l'accomplissement figuré d'un même désir de transgression : « *Il leur sembla que leurs muscles participaient peu à peu du pouvoir dissolvant de l'élément qui les portait : leur chair parut perdre de sa densité et s'identifier par une osmose obscure aux filets liquides qui les enserraient.* » (*CA*, 90).

L'écho retentit d'un récit à l'autre, et la même tentative se répercute. Simon éprouve lui aussi cette attraction et cette ivresse sacrées : « [...] *il aimait se laisser absorber comme par une eau froide et fermée par le tunnel des sapins du versant de l'ombre* [...]. » (*P*, 143).

Par ailleurs, l'image du plongeur revient souvent comme pour galvaniser l'idée de cette prise de contact avec le monde. Se dissoudre dans l'univers, c'est non seulement s'absorber en lui par la contemplation, mais c'est aussi et avant tout s'y confronter, le ressentir « autre », fondre la conscience de soi et la conscience du monde. C'est consciemment, pourrait-on dire, que la conscience va laisser place à une relation fondée non plus sur la réflexion du monde externe en soi, mais sur un échange de nature. La réflexion suppose encore un jeu du double, un dualisme. L'« impressionnalité » suppose au contraire l'osmose intégrale. Mais la conscience est telle qu'elle est d'abord conscience d'elle-même, et, même lorsqu'elle s'abandonne, elle laisse subsister un certain regard. L'enjeu sera dès lors de réduire le plus possible ce reste de vision, résidu d'extériorité, d'étrangeté au monde. Comparons ces deux images : d'une part, Simon qui se sent « *tomber comme un plongeur en chute libre, les muscles de la poitrine bloqués, les yeux fixes, la gorge sèche — regardant l'eau monter vers lui et durcir comme un mur* » (*P*, 167). D'autre part, Allan, au moment du plongeon, suivi attentivement par le narrateur : « [...] *cette chute, cette dissolution verticale le pénétrait d'une volupté si intense que malgré lui ses yeux se fermèrent tout à fait, d'un mouvement purement animal et tout plein de grâce.* » (*BT*, 49).

D'une part, le plongeon est figuré, d'autre part il est réel. D'un côté il provoque réticence, de l'autre, ivresse et volupté. Une distorsion apparaît entre les deux attitudes, traduisant peut-être deux degrés distincts, deux étapes dans l'état de grâce sur le chemin de la Connaissance. Allan semble parvenu à un degré supérieur dans l'identification au monde, et c'est en toute volonté consciente qu'il cherche à éclater ses propres dimensions pour retrouver son état primitif de « *liane encore mal décrochée de l'entrelacement primordial des branches* » (*BT*, 50). Une fois de plus, l'image aquatique va venir traduire, par analogie, cette aspiration au retour à la primitive unité.

De même, Albert, Heide et Herminien plongeant dans les « *lames avec un enthousiasme sacré* » (*CA*, 92), se sentent fondre en un « *corps unique et plus vaste, à la lumière d'un espoir surhumain* » (93).

Nous avons vu que la nuit était une sorte de pendant aquatique. Comme l'air, la terre et le feu, elle dissout, elle appelle à s'unir à elle, à s'y identifier. Elle aussi sera dissolvante :

dissolvait dans la nuit notre ombre noire (*RS*, 217)
puissance dissolvante [de la nuit] (*CA*, 125)

Quel que soit l'élément, il y a dissolution, ou absorption, ou enlisement. Les personnages placés sous l'empire d'une attraction, loi magique et sacrée, perçoivent à leur tour le monde au travers d'un prisme aquatique, signe d'une conversion et d'un ralliement. Simon ne parvient pas à « *voir* » Irmgard, « *dissoute dans une espèce de glissement furieux, saisie dans une aspiration avide* » (*P*, 57). Ce n'est, en effet, pas tant la personne d'Irmgard qui importe pour lui, que « l'événement » Irmgard, et on le sait, son attente. La dissolution de son identité nous indique qu'elle se confond dans l'esprit de Simon avec une tension qui la dépasse, un espoir dont elle n'est que le prétexte, que le prête-nom. Pour mieux se relier à l'essentiel, l'imaginaire place les apparences tangibles dans un milieu qui, en les effaçant, ne le fait que mieux ressortir. Comme nous l'avons signalé plus haut, s'unir au monde c'est s'unir à un monde nouveau et donc abolir et trancher les liens qui rattachent à ce que l'on fuit : « *Il lui semblait que tout ce qu'il avait sous les yeux se liquéfiait, s'absentait, évacuait cauteleusement son apparence encore intacte au fil de la rivière louche et huileuse, et désespérément, intarissablement, s'en allait — s'en allait.* » (*BF*, 151).

L'absence à l'apparence du monde, c'est la présence à autre chose qui est en lui. C'est une présence à l'attente épurée de tout événement à attendre. *Un Beau ténébreux* nous donne quelques exemples de cette vie à intonation végétale :

D'ici on tourne le dos à la vie, on se sent peu à peu dissoudre dans cette brume d'ouate, cette pluie fine, acharnée, perpétuelle.
(*BT*, 76)

Le monde rassurant du jour, exténué, semble expirer là-bas, s'engluer avec elle. (*BT*, 170)

[....] dans la rumeur maintenant toute-puissante de la mer, — et ils restaient englués là, prolongeant de semaine en semaine un séjour sans cesse moins justifiable, une dérive molle au fil des jours [...]. (*BT*, 187)

Le monde dissout, c'est l'ailleurs qui est là. Comme le dit J. Gracq, « *il n'y a plus d'ailleurs, — il n'y a jamais eu d'ailleurs* » (*JG*, 367). C'est ici qu'il faut le déceler, un là-bas qui est aussi et surtout un « ici et maintenant » à saisir. Le prisme aquatique revêt les attributs d'un instrument initiatique qui déforme pour mieux révéler. S'y soumettre, c'est déjà entrer en contact avec cette autre chose qui a parfois pour nom de passage la mort. Grange ressent son propre décalage par rapport à sa vie, et la proximité d'un sommeil prochain dont l'auteur laisse en suspens la question de savoir si ce sera son dernier : « [...] *il leva la main : l'ombre dans le miroir répéta le geste avec une lenteur exténuée, comme si elle flottait dans des épaisseurs d'eau* [...].* » (*BF*, 251).

La dissolution, l'absorption, deux modes d'être par lesquels l'Homme va se confondre dans le monde et l'absorber à son tour, dans une incessante et harassante dialectique.

C'est par cette voie qu'il atteindra sa dimension cosmique et que son projet se réalisera, qu'il pourra enfin aborder un « *espace soudain sensible, clair et liquide, comme une chose qu'on peut boire, qu'on peut absorber* » (*BT*, 92).

Les héros, par leurs désirs et leurs aspirations, et par

les relations privilégiées qu'ils cherchent à établir avec le monde qui les entoure, reflètent à tout instant un projet déjà imprimé au cœur d'un décor signifiant. Nous avons essayé de saisir le héros gracquien à travers le rapport d'« impressionnalité » que le paysage entretenait avec lui, plus que la réciproque. Mais il nous reste à parler du lien analogique qui existe entre eux, puisqu'il est entendu que pour Julien Gracq : « [...] *hommes et choses, toute distinction de substance abolie, sont devenus les uns et les autres, à égalité,* matière romanesque — *à la fois agis et agissants, actifs et passifs* [...].* » (*En*, 5).

Une fois de plus, la même loi se découvre comme la clé de voûte d'un édifice magique et cosmique, sorte de temple élevé à la gloire de l'unité retrouvée, de l'universel abordé enfin sur le monde du vécu et de l'espérance, et non plus rejeté au fatras des illusions humaines. Cette « *analogie sans appel* » (*CA*, 161) que nous ne cessons de retrouver à chaque étape de notre remontée d'un courant romanesque, exerce ici, une fois encore, ses facultés de translation poétique. Les images de l'eau tissent une sorte de réseau métaphorique où l'Homme va se trouver englobé et « naturalisé ». Cela est surtout sensible pour la femme gracquienne, et nous retrouverons plus loin à l'état de floraison, ce que pour l'instant nous nous contenterons de déceler sous forme de germes.

Cette parenté, et plus encore cette complicité entre l'homme et le milieu où il se meut, M. Guiomar la souligne aussi : « [...] *l'être qui va désirer s'identifie d'abord au paysage où il va naître à ce désir, où va naître l'objet de son désir.* » (p. 309 [12]).

Face à un décor où l'eau imprime sa loi, l'être, à son tour, va retentir des mêmes sonorités liquides. Par ailleurs, cette identification semble totale et totalisatrice, car elle touche non seulement à l'extériorité de l'être, par une sorte de stigmatisation du héros, mais aussi à son intériorité, par osmose et correspondances [13].

L'analogie s'exerce tout d'abord sur l'extériorité des personnages. Cela signifie que tous semblent, d'une manière ou d'une autre, frappés d'un même sceau, les destinant à une rencontre du monde, se soldant soit par une fusion, soit par une communion, ou le plus souvent par une dissolution, finale ou non.

Mis à part les personnages féminins, dont nous étudierons plus loin l'exemplarité en la matière, Marino est peut-être celui qui nous donne la représentation la plus vive et la plus éclairante de cette stigmatisation symbolique. Dès l'ouverture du récit, dès qu'il entre en scène, il nous apparaît, en effet, intimement lié à la vie de la matière. Son nom, tout d'abord, se dresse comme le signal de sa duplicité, cette même duplicité que l'on retrouve dans une expression telle que « un homme de la mer ». *Marino, marine, mer*, déclinaison imaginaire et fantastique qui nous met au seuil de l'étonnante ressemblance. Il semble « compromis » avec tout ce qui, de près ou de loin, s'apparente à l'élément liquide. Souvenons-nous de sa première apparition :

Il était là, maintenant : cette silhouette massive sortie de la pluie [...].   (*RS*, 20)

Le capitaine Marino sortait bel et bien de la brume [...].

Les yeux, assombris par la visière très basse, étaient d'un gris de mer froid [...].

Au fur et à mesure que le récit progressera, cette complicité ne cessera de s'accroître. La mer est son élément.

Mais ce soir rapprochait en nous deux ennemis très intimes ; par ce bateau lancé qui vibrait sous nos pieds, nous communiquions dans les profondeurs.   (*RS*, 58)

33

Il était bon ce soir d'être en mer avec Marino, fortifiant de s'enfoncer avec lui sans fin dans l'inconnu de cette nuit tiède. (*RS*, 59)

Lui-même, d'ailleurs, est « *comme un élément du paysage* » (*RS*, 261), ce que corrobore la fin tragique du personnage :

Un sens plus caché s'attachait pour moi à cette disparition sans traces ; il me semblait que le capitaine [...] avait *passé* au sein de cette nuit noire et de cette lagune dormante d'une manière trop suspecte pour que ne s'y attachât pas la valeur d'un de ces signes [...] comme si l'esprit même de ces eaux lourdes [...] eût regagné à l'heure dite et à la place fixée le refuge des profondeurs noires pour en sceller sur lui le consentement et le sommeil. (*RS*, 276)

Il se produit un échange de nature, surtout sensible par le biais du regard. Souvenons-nous des yeux de Marino, de ceux de Vanessa qui portent en eux « *le reflet trouble des mers lointaines* » (*RS*, 53) ; ceux de Heide et d'Albert, cette « *eau profonde* » (*CA*, 140), au sein de laquelle « *ils plongeaient comme de vigoureux nageurs* ».

Mais l'analogie la plus sensible se situe sans doute dans le domaine de l'intériorité des personnages. Chaque restitution d'une impression, d'une sensation, d'un état d'âme, d'une pensée, en un mot tout ce qui touche à la vie intérieure de l'être, fait également l'objet d'une translation poétique. L'eau devient alors le concept de base d'un langage nouveau qui accorde l'intériorité des héros au milieu ambiant par un système d'harmoniques particuliers, faisant naître un réseau de résonances bizarres par lequel l'Homme et le monde communiquent intégralement. On ne saurait ici recenser tous les exemples de cette osmose qui, à elle seule, illustre le Désir surréaliste dans son ensemble. Les plus significatifs se trouvent dans *Au château d'Argol* :

Leurs méditations mêmes, prolongées et assidues, empruntèrent à l'obsédante uniformité de la pluie une puissance de pénétration étrange et monotone [...]. (*CA*, 117)

[...] leurs pensées refluaient comme les flots d'une mer soudain disjoints jusque dans leurs bas-fonds [...]. (*CA*, 168)

Matière informe et insaisissable, fuyante et vertigineuse, telle est l'eau et telle est aussi la pensée, la sensation, telle est aussi cette matière mentale, tissu abstrait de notre intime essence. Dès lors, rien d'étonnant à ce que l'eau devienne en quelque sorte l'exutoire de l'indéfinissable, référent privilégié où s'engouffre l'imaginaire, moule informe où s'investit le paradoxe d'une pensée informulée qui se veut saisie et appréhendée par tout ce qui n'est pas elle, échappant ainsi aux lois trop longtemps infligées et affligeantes de la raison.

Chaque manifestation de l'être sera rendue par ce subit et inattendu rapprochement de deux ordres de réalité différents, leur conjonction faisant surgir comme le halo scintillant de leur substance. En abordant ainsi indirectement le monde intérieur des personnages, l'auteur nous le rend présent d'une façon beaucoup plus intense que ne saurait le faire aucune description classique. L'image aquatique en ce domaine, comme dans beaucoup d'autres, emprunte au contrejour et à l'innommé, promouvant ainsi un monde intérieur affranchi de toutes les frontières du défini et du cerné, plus prometteur et plus vivant que ne saurait jamais l'être aucun discours direct, un peu comme la fleur qui ne sera jamais aussi belle que le bouton.

Le Rivage des Syrtes abonde en métaphores aquatiques [15], où la vie intérieure semble se calquer sur les mouvements de la mer :

[...] remuait soudain en moi toute une eau trouble. (*RS*, 79)

Cette agitation me tenait à flot, comme un nageur les mouvements
de sa nage [...].   (*RS*, 182)

Un rire [...] qui me rejetait à la mer, me roulait dans une dernière
vague de songe.   (*RS*, 77)

Nous pourrions multiplier les exemples de ces images
qui relient l'homme au monde, à un degré tel d'intensité,
qu'il y devient véritablement « *élément de matière vivante,
universelle* » (p. 310 [12]). Par l'analogie, les barrières de son
corps et de son esprit sont brisées, et un être nouveau prend
silhouette (plus que forme), un être dont les aspirations
s'étendent aux confins du cosmique, englobant ainsi le monde
dans une suprême union, qui est aussi et surtout, à la lumière
du projet surréaliste, une salutaire Réconciliation.

l'eau : le Surréel par analogie

Ainsi, décor et personnages portent tous, chacun à leur
manière, mais toujours par le biais privilégié des images aquatiques, la marque d'une préférence, celle d'un élément qui va
leur imprimer, non seulement une loi poétique unifiante, mais
collaborer en même temps, à créer une relation étroite entre
l'homme et l'univers.

Or, en nous penchant sur l'eau poétique nous avons sans
cesse été amenés à aller plus avant et à nous situer sur une
tangente où se mêlaient intimement deux aspects de l'élément. En suivant la « rêverie d'une matière », nous arrivions
très vite à un arrière-plan spéculatif, où jouaient sans cesse
les reflets d'une réflexion qui se nie comme telle en s'incar-
nant aussitôt dans un réseau de métaphores, créant ainsi un
langage ambigu où se conjuguent pensée et illustration, discours et poésie. L'armature réflexive se trouve à son tour

dissoute dans des images qui, en nous plaçant impérieusement du côté de la Poésie, n'en portent pas moins les traces, certes gommées, mais persistantes, d'un signifiant qui se donne en substance, mais se refuse en tant que message. L'eau gracquienne nous apparaît donc devoir être abordée sous un jour nouveau.

Elle est non seulement un élément désigné comme une matière poétique par excellence, mais c'est aussi l'instrument métaphorique d'une recherche. Nous touchons là à une « identité secrète » très particulière, puisqu'il ne s'agit plus seulement d'une identité secrète entre les choses, comme nous l'avons vu pour l'Homme et le décor, mais de l'adéquation d'une nature matérielle à la nature d'une recherche, similitude étrange qui désigne l'eau pour être le medium privilégié du Désir surréaliste.

L'eau gracquienne est porteuse d'un sens et joue un rôle de premier plan dans la constitution de ce monde nouveau, tant recherché et sollicité par Gracq, et avant lui par Breton.

La fluidification devient l'une des techniques de la déréalisation du monde [16]. Chez Gracq, c'est sans doute la voie par excellence qu'il emprunte pour parvenir à son but. Souvenons-nous en effet de l'insistance avec laquelle presque tous ses lieux se trouvent à un moment ou à un autre de ses récits, transposés et mués en lieux aquatiques en général, et sous-marins en particulier. En transposant son monde dans une atmosphère liquide, J. Gracq se fait le « *visiteur miséricordieux de ces plaines liquides* » (*CA*, 50).

Le monde aquatique devient le monde à explorer, c'est le désir lui-même qui, fluide et souple, débridé, sans plus de rigidité aucune, se cherche et se réinvente en même temps qu'il modèle les objets à son image.

La multiplicité des figures de l'eau coïncide avec un désir effréné et divers. L'omniprésence de l'eau que nous avons notée en étudiant les caractéristiques du décor est donc liée à l'expression réitérée d'une aspiration.

L'eau est l'indice de la recherche gracquienne, en même temps qu'elle en est le milieu ambiant, propice et incitateur, le paysage aquatique constituant le paysage d'accueil où va s'inscrire un désir qui, au contact d'un monde à sa mesure, n'en finit plus de renaître et de s'étendre.

Chaque fois que le héros manifeste sa volonté, c'est souvent par une image aquatique, comme le fait Danielo, résumant en une phrase toute symbolique le désir d'Aldo : « [...] *de quoi peut encore se réjouir une pierre inerte, si ce n'est de redevenir le lit d'un torrent ?* » (*RS*, 310).

Ce torrent a, en l'occurrence, des intonations historiques, mais ce peut être l'image de toute tension, intemporelle cette fois, qui anime tout récit de Gracq. L'eau gracquienne prête ainsi, non seulement sa dynamique interne pour traduire un élan, mais c'est le but même de cet élan, de ce désir, qu'elle va exprimer. De même que le Surréel se trouve embusqué dans le réel et pourra être déchiffré par celui qui sait l'y découvrir, de même, l'eau jaillit des quatre coins d'un monde qui en est tout imprégné. De plus, l'eau rend invisible ce qu'elle absorbe, tout comme le Surréel se fond dans un réel, et y est présent par son seul mystère. La parenté par le fluide est aussi une parenté par le mode d'être.

Le monde dissous ne l'est, comme nous l'avons déjà noté, que pour mieux faire resurgir l'essentiel au-delà des apparences brouillées. « *Il s'agit d'un monde suspendu, aux apparences brouillées, dont l'existence même, l'armature, à y regarder de près, ne tient qu'à la révélation qui s'y embusque.* » (*BT*, 69).

L'eau est l'expression métaphorique de cet impalpable, sensible sans pour autant pouvoir être saisi, révélation, mais non connaissance. Or, n'est-ce pas le Surréel dont il s'agit, ce monde dont le « *mécanisme secret* » (*BT*, 68) est « *dissous dans l'apparence* » ? Ainsi, les liens que l'eau entretient avec le but de la quête s'apparentent à ceux que la poésie a noués avec le projet surréaliste [17].

Nous pourrions multiplier les exemples de cette association essentielle entre eau et poésie. La poésie sera soluble ou ne sera pas. Comme le « poisson soluble » de Breton, tout poème est directement assimilable à l'Homme, en prise directe avec lui. Et là repose sans doute l'apport primordial des Surréalistes, par-delà leurs ambiguïtés. La poésie est ce qui baigne et imprègne, elle est « *substance soluble tout entière dans la mémoire* » (*En*, 263), et non plus rangée en elle en des tiroirs aux étiquettes littéraires. L'écriture n'est plus l'aboutissement de la poésie, elle n'en est que l'un des sous-ensembles, que le moyen, non la fin. La poésie surréaliste s'apparente précisément à la conception qu'avait Breton de la Beauté comme « finalité sans fin », elle en est le medium, non le messager, puisque ce qu'elle transmet reste à jamais informulé comme demeure insaisissable cette « aigrette au bout des temps », signe entendu de l'émotion sollicitée. Insaisissable aussi est la matière liquide [18]. Emprunter un langage de métaphores marines, c'est exprimer une quête.

Ainsi, tout le réseau des métaphores aquatiques, à travers ses différents aspects, traduit une même aspiration, la poursuite d'une même quête. Le paysage imprégné d'eau est un paysage marqué par le signe d'une poésie qui nous apparaît dès lors à la fois comme la solution recherchée et la solution poétique d'une recherche. C'est dire combien chez l'auteur l'écriture exprime, intimement liés l'un à l'autre, un langage poétique et un langage discursif, doublant ainsi le récit d'un « regard sur », lui imprimant une dynamique intarissable.

On a dit que Gracq avait recherché une solution poétique [19]. C'est sans doute pourquoi l'univers de ses récits relève plus de la poésie que du romanesque. Mais cette solution n'est pas donnée, elle n'est pas close. Bien au contraire, elle adoptera la forme d'une recherche constante, la quête de Gracq sera aussi une quête de l'écriture. Ainsi, ce que l'on nommait « solution poétique » semble devoir être davantage et demeurer la poétique d'une recherche. Car, ce dont nous parle Gracq, ce n'est pas d'une victoire, ce n'est pas d'une conquête, c'est d'un espoir, d'une quête.

Autrement dit, l'écriture ne sera pas l'application méthodique d'une recherche poétique qui aurait abouti à adopter telle ou telle technique, mais elle est indissociable de l'espoir surréaliste qu'elle aidera et soutiendra. Parler d'un projet poétique qui se réalisera dans l'écriture, c'est parler en même temps du projet surréaliste, les deux élans étant ici inséparables.

L'événement dramatique tel qu'il se manifestera au sein des récits de Gracq ne sera donc pas différent de la pulsion d'une recherche plus vaste et plus absolue. L'attente, la quête, la mort, autant de thèmes qui seront traités sur le mode poétique et qui seront les reflets d'une recherche qui s'investit aussi bien dans le cadre du projet surréaliste que dans le projet dramatique intérieur aux romans : les deux ne font qu'un.

Pour mieux comprendre la dualité de l'écriture gracquienne il faudrait nous référer aux œuvres critiques de Gracq. *En lisant en écrivant* traduit bien cette ambivalence profonde. C'est par le discours métaphorique que l'auteur nous y entretient de la littérature, et l'eau y est, comme dans son œuvre romanesque, la plus fidèle image, servant à retranscrire ses impressions de lecture. Il y a une profonde unité entre les séries métaphoriques de ses récits et celles de ses œuvres critiques. Ainsi la mer, qui pour lui est l'expression du Surréel et de la Poésie, se retrouve dans ses commentaires critiques. Non seulement l'eau sera la dominante imaginaire d'une matière romanesque, mais elle dominera également le réseau des images par lesquelles Gracq tend à nous faire partager ses points de vue. Pour lui, le regard critique ne sera pas décalé, ni dissocié des textes, mais il se joindra à eux, empruntant ainsi à l'eau sa propriété d'imprégnation.

C'est par la métaphore, et la métaphore aquatique qu'il nous parle de l'écriture :

Bien souvent la critique, peu préoccupée de la traction impérieuse vers l'avant qui meut la main à plume, peu soucieuse du courant de la lecture, tient sous son regard le livre comme un champ déployé, et y cherche des symétries, des harmonies d'arpenteur, alors que tous les secrets opératoires y relèvent exclusivement de la mécanique des fluides. *(En*, 42)

C'est seulement ainsi que l'auteur critique pourra être fidèle au romancier, car c'est seulement par la voie du discours métaphorique que le commentaire sera en accord avec ce que tous ses récits illustrent, c'est-à-dire une position de l'esprit qui ne cherche pas à définir ou à dire, mais qui tend à approcher, à contacter, à « toucher ». Il s'agit dans un cas comme dans l'autre de laisser subsister la marge nécessaire pour que puisse vivre et respirer l'objet regardé, qu'il se nomme « êtres et choses » ou littérature.

II

L'EAU ET LES GRANDS THÈMES GRACQUIENS

l'eau et l'attente

Q UAND on parle de l'attente chez Gracq, on ne peut échapper à l'ambiguïté d'un thème qui est bien plus que cela, puisqu'il ne se contente pas d'être présent et inséré dans les récits, mais en constitue l'armature dramatique fondamentale et constante. Parler de l'attente, c'est ériger en événement ce qui n'en est que les prémices et constitue pourtant le pivot central d'une texture romanesque. L'attente sera donc un événement au sens où c'est cela surtout et cela seul qui survient et finalement demeure. Tous les romans de Gracq, on le sait et on l'a dit, ne font que préparer, que relater « l'avant », ce qui précède, ce qui annonce, un événement qui en tant que tel est éclipsé par une narration qui s'arrête presque toujours à son seuil. Peu importe la guerre contre le Farghestan, peu importe la guerre qui emboîte le pas à son attente, peu importe l'arrivée de Nueil ou d'Irmgard.

L'essentiel est ailleurs, il est dans le temps de l'absence-présence de ce qui « arrivera ou n'arrivera pas », peu importe. Le chant des textes ne sera pas le chant du guerrier, ou du conquérant, mais celui du guetteur, du veilleur, du rôdeur de grève. Dès lors, et comme toujours, le paysage viendra appuyer cette attente, et mieux encore, la suscitera, l'aidera, la provoquera. Est-ce lui qui suscite l'attente ou est-ce elle qui le peint à son image ? Là encore, peu importe, et il serait vain de chercher à dénouer des liens dont la complexité et la texture dialectique, de va-et-vient et d'imbrications, gagne à être abordée de « plain-pied » : l'adhésion et non le décorticage sont ici plus qu'ailleurs encore de rigueur. Ce qui nous retiendra, c'est une attention particulière à ce paysage de l'attente dont les éléments se marient intimement avec une disposition intérieure des personnages.

Ce qui le caractérise tout d'abord, ce qui frappe à la lecture du *Rivage des Syrtes*, comme du *Château d'Argol*, du *Beau ténébreux*, de *La Presqu'île*, ou du *Balcon en forêt*, c'est l'abondante présence de la mer et de la forêt, dont nous avons d'ailleurs déjà parlé. Ce diptyque inséparable se présente comme le double pôle d'une attente à laquelle ils semblent voués comme par nature. Gracq lui-même nous explique en quoi ces deux lieux sont pour lui « *de prédilection* » (*JG*, 211 [20]), « *qui s'appellent l'un l'autre* ». Chacun à leur manière, ils suscitent l'événement : la mer en ce qu'elle est « *l'image du changement, donc de la nouveauté perpétuelle et toujours possible* », la forêt en ce qu'elle est le lieu où « *se situent dans les légendes du Moyen Âge les apparitions, les événements, le miraculeux. Tout peut apparaître dans la forêt, c'est par excellence le lieu mystérieux, magique* » (222).

Les relations d'équivalence que nous avons notées plus haut s'éclairent donc ici d'un jour nouveau, et on ne doit plus s'étonner de déceler, au-delà d'une mise en correspondance, la trace magnétisée d'affinités quasi « électives ». Le paysage qui s'esquisse entre ces deux vecteurs et d'où surgira ou s'inscrira l'attente est un paysage ouvert : ouvert sur le large, sur le vide, ouvert sur une étendue qui appelle son comblement, comme l'attente appelle la cassure. B. Boïe note que tous les lieux sont tournés vers le large [10]. Tous sont orientés, aimantés, vers une mer (ou une forêt) dont la vacuité est ressentie comme une invitation. L'événement est inscrit en creux, en négatif, au sein même de ces vastitudes.

Mais la mer ne collabore pas seulement à l'attente par ces invitations tacites et renouvelées : sa disposition côtière, en forme de théâtre, participe également à ce sentiment d'un lever de rideau imminent et sans cesse reporté. C'est peut-être *Un Beau ténébreux* qui formule le plus explicitement cette ressemblance : « *Accoudé à ma fenêtre, cet après-midi, je prenais pour la première fois conscience de ce qu'il y a d'extraordinairement théâtral dans le décor de cette plage.* » (*BT*, 51).

La mer devient donc le théâtre de l'action à venir d'une façon doublement métaphorique et figurée. Elle appelle et introduit l'événement en même temps qu'elle se constitue comme le lieu privilégié de sa représentation.

Mais si le paysage de l'attente se caractérise par son ouverture vers un large aux allures théâtrales et dramatiques il se caractérise aussi par la « tension », et « l'at-tension » qu'il suscite et dont il est imprégné. Cette tension particulière qui anime l'écriture gracquienne et décelable à chaque instant « *derrière les mots de l'écriture* » (p. 49 [21]) résulte, entre autres choses, d'un jeu de cache-cache insidieux et tenace, dont la brume va se faire le principal meneur. Elle est comme « le signe visible de l'attente », cachant et révélant tour à tour. Dans *Le Rivage des Syrtes*, elle est sans cesse ressentie comme la limite capricieuse d'un monde qu'elle dérobe pour mieux en aiguiser l'attrait. Elle est l'inquiétante complice d'un monde de fantômes et de mirages. Elle est ce rideau de théâtre qui leurre le regard avide porté à l'arrière-plan et qui cherche à déceler cette charge de

« *subtile électricité* » (*RS*, 139) qui se condense sous son voile, expression de l'événement qui incube. Elle est la traduction directe du suspens ou du suspendu par son aspect d'élément transitoire, eau vaporisée alliant l'air à la matière liquide, à cheval sur deux états.

Mais si la brume cache et révèle tour à tour, elle est de plus un facteur primordial d'isolement. L'attente correspond en effet, avant tout, à un temps psychologique, temps qui cumule les caractéristiques : temps d'ouverture « vers », de suspens et d'attention, mais aussi temps de regroupement sur soi et donc, corollairement, de l'isolement. Cette solitude propice à l'attente est commune à tous les personnages gracquiens, retranchés (et non coupés) de la vie et de l'avenir. Or, cette position de retrait qui les situe sur le clavier du temps nous est suggérée à la fois par la pluie et la brume.

La rêverie végétale, spéciale à l'alliance de l'eau (pluie) et de la forêt, s'accompagne presque toujours de la solitude. Il va sans dire que l'attente aiguise cette dernière, et réciproquement. Vu sous cet aspect, le rôle de la pluie, comme celui de la brume, vise à cacher, à isoler comme pour mieux inviter à un recueillement qui relève d'une liturgie mystérieuse : « *Je me rappelle cette cour sous la pluie, fermée, désenchantée, coupée du monde.* » (*BT*, 24) ; quelques phrases plus loin, nous retrouvons le sentiment corollaire de la solitude : « *Je m'enivrais de solitude, de pleurs refoulés.* »

Correspondant au temps de l'attente, le paysage aquatique, ouvert et suspendu, est de plus et surtout un paysage mettant l'accent sur le caractère retranché et à part de cette expectative sans cesse reconduite et répercutée. Ici, le temps de hors-saison va se traduire par un espace géographique de *no man's land*.

· La frontière, la lisière, la grève, autant de lieux où va s'étirer une attente au cœur de laquelle vont se confronter et s'annuler les attractions les plus contraires. C'est peut-être là, au sein de ces lieux privilégiés et dans cette atmosphère qu'est rendu le plus sensible ce point « suprême » où les contraires s'annulent, que « le haut et le bas cessent d'être perçus contradictoirement ».

J. Gracq, lui-même, nous a parlé de sa propre fascination pour ces lieux de prédilection : « [...] *ce qui me fascine, ce n'est pas tellement l'en-face, c'est la lisière, la bordure d'une terre habitée, si vous voulez. Évidemment, les confins, c'est une région qui m'attire beaucoup. La côte par rapport à la mer. La frontière ici.* » (*JG*, 217).

On pourrait rappeler aussi que sur la fiche signalétique de ses personnages, la nationalité qu'il leur décerne est « frontalière », de même que leur activité est d'être « en vacance ». Les deux vont de pair chez Gracq : être en vacance, c'est être sur une tangente incertaine dont la grève est l'expression spatiale la plus significative. Même dans *Un Balcon en forêt*, où nous avons vu que la forêt doublait souvent l'étendue marine, l'image de la grève, mélange d'eau et de terre, resurgit à l'appui de toute expression de l'attente :

On comprenait clairement d'ici que la guerre vivait de mouvements violents, à la manière d'un homme qui s'arrache membre après membre à la succion d'une grève mouvante [...]. (*BF*, 26)

[...] le meilleur, maintenant, c'était vraiment le sommeil bien ivre sur la grève [...]. (*BF*, 93)

[...] pareils à ces menues épaves ininterprétables que rejette la mer sur une grève et où l'œil du promeneur s'attache machinalement : cette lisière [...] attirait Grange et l'intriguait. (*BF*, 98)

[...] on se sentait maintenant dans les pièces closes comme un poisson tiré sur la grève. (*BF*, 191)

Comme la pluie, la grève isole car elle est isolée et plus encore : désolée. Ce *no man's land* décoloré et vidé, plus que vide, est un hors-temps, un hors-saison. C'est sans doute dans le cadre de l'attente que le paysage exerce son impressionnalité la plus forte, comme nous le montre cette phrase du *Beau ténébreux* : « [...] *cette impression navrante, soudain, sous la pluie, de dérive, de dépaysement, de hors-saison... vraiment nous étions* échoués *là.* » (*BT*, 76).

Les images abondent qui parlent de grèves perdues, de grèves d'échouage, de « *zone de délaissement songeuse* » (*P*, 128-9), de paysage flotté... Une fois de plus, même lorsqu'on nous parle de lisière, c'est l'image aquatique prédominante de la grève qui s'esquisse, comme dans ces « *lisières de mer* » (140).

Or, ce fond de « *grèves blanches et désertes* » (*CA*, 30), de grèves désolées, est comme à l'unisson et comme le prolongement direct de l'intériorité des personnages, elle-même décolorée, comme une pellicule photographique vierge, prête à capter la moindre couleur, le moindre relief, le moindre signe.

Ainsi, situé sur l'échiquier d'un espace-temps de l'à-part, le héros, errant sur une grève qui est peut-être l'image de son propre état d'étrangeté à lui-même, se présente à la fois comme un guetteur et un « rôdeur de grève ». Non seulement, la grève est le lieu d'où l'on cherchera à percevoir les signes venus de la mer, non seulement elle est à elle seule par son caractère de désolation retranchée comme le paysage déployé de l'attente, mais, par son aspect de matière mélangée d'eau et de terre, elle collabore aussi à cette fascination que note S. Lilar, « *fascination de la métamorphose sur cette imagination d'alchimiste qui ne cessait d'accoupler les choses* » (p. 366 [22]).

Là encore, une correspondance se révèle entre les différents éléments d'un paysage qui collaborent tous, de près ou de loin, à l'atmosphère et à la vie intérieure des personnages : la brume, à la croisée de deux éléments, l'air et l'eau, et la grève, mélange de terre et d'eau, la forêt aussi, à la fois plante terrestre, algues, et étendues marines, tous ces éléments sont perçus dans un état de perpétuelle mouvance qui fait écho à un état psychologique de l'attente dont le propre est justement d'être un état transitoire. Le tempo de l'attente trouve son écho en celui des eaux basses, « *eaux basses du courage* » (*BF*, 220), eaux basses de la vie (*P*, 233). Le thème de l'enlisement également contribue à créer la notion d'un temps faussement mort et figé.

Ainsi, l'eau, par ses multiples facettes, que ce soit la mer, la brume, la pluie ou la grève, se présente une fois de plus comme la source privilégiée où l'auteur puise des métaphores innombrables dont le réseau complexe interfère avec une riche texture dramatique qu'elle vient sous-tendre et susciter, tour à tour.

l'eau et la quête

Certes, dissocier les deux semble et est artificiel, dans la mesure où l'attente et la quête sont en fait les deux faces d'un même thème. Cependant, une nuance les sépare, car la quête, si elle s'incorpore à l'attente, en est le point aigu et positif, porteuse d'une charge dramatique plus intense. Une fois de plus, l'eau va prêter sa substance imaginaire à l'expression poétique d'un sujet clé dans l'œuvre de Gracq. Et comme rien n'est jamais univoque dans cette œuvre, comme il n'existe pas de symbole « fermé » et étriqué, mais seulement des symboles « ouverts »[23], c'est toujours dans plusieurs directions qu'il faut porter le regard, sur un jeu de métaphores qui, à elles toutes, et chacune, traduisent tel ou tel aspect d'un même thème.

Ainsi, le leitmotiv de la quête se retrouvera principalement abordé à travers trois figures métaphoriques : la mer, le navire et le fleuve.

Le rapport de la mer et de la quête est lui-même pluriel. L'étendue marine, en effet, sera à la fois l'expression métaphorique de la connaissance elle-même, c'est-à-dire, comme nous l'avons vu plus haut, celle du Surréel, et en même temps, elle sera le lieu de prédilection où s'exerce cette quête, le lieu d'une navigation aux caractères d'errance significatifs.

Au château d'Argol est sans doute le récit qui nous rend le plus sensibles au caractère sacré et initiatique du bain, de la plongée, c'est-à-dire du contact physique le plus total et le plus primitif avec un élément originel. Déjà, Bachelard nous dit que « *l'appel de l'eau réclame en quelque sorte un don total, un don intime* » (p. 221 [1]). Nous retrouvons cette complicité mystérieuse et sollicitée dans *Un Beau ténébreux*, au moment où Allan s'apprête à plonger : « [...] *j'ai senti que l'eau l'appelait.* » (*BT*, 49).

Plonger, c'est communier, c'est se confronter avec la Connaissance, c'est s'y prédisposer et s'y soumettre. Pour L. Pollmann, le mythe « *de l'eau* [...] *pourrait symboliser le medium de l'être-en-chemin vers la rive de la dernière connaissance, mais aussi celui de l'identité retrouvée* » (p. 68 [24]).

Ainsi, le thème de la dissolution que nous avons abordé plus haut, apparaît ici dans le prolongement direct de celui de la quête. Mais, de plus, chez Gracq, la quête prend toujours une connotation de « sacré » et il faut ajouter, dans le même ordre d'idées, l'importance du symbolisme de la pureté, attachée à l'eau. Dans *Le Roi pêcheur*, le Pur est celui que l'eau pure désaltère (*RP*, 57), mais c'est aussi celui qui par un contact élémentaire (dans tous les sens du mot) avec l'eau se lave et se purifie. Le caractère éthique de l'eau pure s'allie à celui de la quête telle qu'elle est vécue par les héros gracquiens. Le mot *pur* prend d'ailleurs plus qu'une connotation morale, une connotation plus surréaliste d'« absolu ».

Chaque fois, en effet, qu'apparaissent les images de l'eau purificatrice, baptismale et même mystique, ce n'est pas le sentiment d'une perfection intérieure qui se fait jour, mais celui de l'ivresse d'avoir frôlé le « point suprême ». La « *nageante pureté originelle* » (*CA*, 135) n'est pas celle d'avant le péché, bien que les images aquatiques inversant le ciel et la mer, et produisant des métaphores telles que « *navigation céleste* » (51), semblent porter les traces d'une nostalgique religiosité, mais elle révèle bien plus l'aspiration toute profane du retour à un état primitif où l'homme était en prise directe avec le monde, un temps où celui-ci ne faisait qu'un avec lui-même et l'univers.

Ainsi, si l'eau a quelque rapport que ce soit avec la notion de « sacré », c'est par son rôle d'introduction et d'initiation. « *Le bain de connaissance* » dont nous parle S. Grossman (pp. 165—70 [4]), sera procuré à la fois par l'eau et la nuit, son corollaire : « [...] *je me baignais pour la première fois dans ces nuits du Sud* [...] *comme dans une eau initiatique.* » (*RS*, 18). Ce symbolisme est un symbolisme en étoile, étoile dont chaque branche, eau, nuit ou silence (rapprochés notamment par des expressions voisines telles que « rideau de silence », « rideau de pluie », qualifiés tous deux d'initiatiques) ramène à un centre commun : initiation. Celle-ci se fragmente à son tour car, à la plongée initiatique, se superpose le voyage initiatique ; la communion statique se double d'une communion dynamique, celle du nageur et des ondes (voir p. 229 [1]), mais aussi du navigateur et des flots. « Le Bain » réunit ces deux dimensions de la quête marine, dimension verticale d'une « *osmose obscure* » (*CA*, 90) et dimension horizontale d'une « *prestigieuse migration* » (91), d'une navigation enchantée. La mer sera donc, non seulement l'élément de la pureté, mais elle sera également « l'élément porteur », incitant au voyage imaginaire.

Il est significatif de constater à cet égard que les lieux gracquiens portent tous l'empreinte et la forme du navire. Que ce soit le « *Versailles océanique confronté pour l'éternité avec le large, largué sur ces avancées brumeuses — et* faisant corps, *complice des brouillards, des nuages, comme la silhouette fondante et lourde d'un cuirassé* » (*BT*, 147) ; que ce soit le Château d'Argol, « *vaisseau magique au-dessus des vagues profondes de la forêt* » (*CA*, 32) ; que ce soit « *la vaste pièce vide de Nueil* » qui « *appareillait pour la nuit* » (*RC*, 200), ou la « *forteresse* » des Syrtes, *« mise à flot » (*RS*, 130).

Chaque fois, le navire imprime sa constitution dynamique et dynamisante à ces lieux mal ancrés, à l'image de l'âme du « *navigateur en rut de découverte* » (*BT*, 152), qui est celle du héros gracquien. Plus que de « voyage initiatique », il nous faudrait parler d'ailleurs, de l'errance initiatique (voir *RS*, 213) — J. Gracq ne nous parle-t-il pas d'« *appareillage obscur* » (*BT*, 115) ? — car cela semble mieux correspondre à l'idée d'une course dont le but se dérobe au moment où on croit l'atteindre, et surtout au fait que ce but reste innommé.

Le nom, et les mots d'une manière générale, tout comme les symboles d'ailleurs, ne définissent pas, ils signalent, leur fonction relevant plus du poteau indicateur et de l'emblème que de la désignation figée et restrictive.

Or, cette errance initiatique s'exerce non seulement dans et sur la mer, mais elle va jusqu'à prendre la forme même de la route. Ce nouveau thème incident à celui de la quête va lui-même de pair avec l'image du fleuve. *Les Eaux étroites* est le récit où se décèlent le plus aisément les relations que l'image de la rivière entretient avec la recherche intérieure.

Ces relations se traduisent en terme de projection directe, et il n'est pas difficile de voir dans la remontée de l'Èvre, une remontée en soi-même, une remontée du temps, et, tout au long du fleuve, voir se déployer un paysage où interfèrent souvenirs du réel et de l'imaginaire avec des visions présentes. Mais, cette quête est d'un ordre à part, dans la mesure où elle correspond à l'itinéraire personnel d'un auteur. Elle diffère par son caractère « extérieur » de la quête insérée dans les romans, même si cette différence porte peut-être, au fond, moins sur une nature, que sur les modalités de leur représentation.

Tout comme l'attente, la quête est avant tout un temps psychologique, temps de l'étirement, non plus statique, mais orienté. Or, comme nous l'avons déjà noté, c'est par l'eau et son mouvement, par son courant que le temps est le plus souvent suggéré. Le fil de l'eau, le temps qui passe, sont aussi les images d'une quête qui n'en finit pas.

Par ailleurs, la représentation spatiale de la route dans l'œuvre de Gracq correspond également à la figuration temporelle d'un temps étiré : rouler ou marcher sur la route (que ce soit celle de « La Presqu'île », de « La Route » ou de l'allée d'Argol), c'est suivre les mouvements mêmes de la quête intérieure. Dès lors, rien d'étonnant à ce que l'image métaphorique de la route, comme chemin initiatique à suivre, appelle celle du fleuve, transposition métaphorique d'une métaphore, qui vient renchérir et la dynamiser. La route et le fleuve, par leur contiguïté et par la collusion des connotations de « voyage » qu'ils suscitent, tissent une sorte de réseau métaphorique binaire suggérant la quête dans la totalité de son itinéraire : la route étant le signe d'un espace à franchir, et le fleuve, l'indice du dynamisme vital, de l'élan intérieur que le héros devra faire sien pour devenir le digne héritier de Perceval. Ce sens du voyage fluvial se trouve consigné dans les paroles du prédicateur des Syrtes : « *Heureux qui abandonne sa barque au fort du courant, car il abordera l'autre rive.* » (*RS*, 179).

La route déployée devant soi éveille la nostalgie de son équivalent aquatique, le fleuve, tout comme la vieille civilisation d'Orsenna éveillait celle d'un âge nouveau où *« le temps »* recommencerait à courir à travers les rues « *en torrent* » (*RS*, 295). C'est dans « La Route » que nous trouvons le témoignage le plus aigu de ce désir : « [...] *ces signes d'un trafic ancien évoquaient de façon vive l'idée d'un courant ininterrompu, d'un éveil de vie qui avait dû, à une époque très reculée, animer la route de bout en bout.* » (*R*, 11). Plus loin, nous trouvons : « *Elle ressemblait aux rivières des pays de sable qui cessent de couler à la saison chaude...* » (12).

Cette Route, dont la majuscule initiale se dresse comme un signal, éveille non seulement l'idée d'un voyage terrestre et fluvial, mais également celle d'un voyage maritime : elle est, en effet, fréquentée par des « pilleurs d'épaves », et des femmes qui suscitent aussitôt un rapprochement avec « *ces oiseaux de mer qui se balancent un moment sous le vent des navires, mais les abandonnent l'un pour l'autre, comme si le frais remous d'écume du voyage les captivait plutôt que le voyageur* » (*R*, 27-8).

L'obsession du voyage maritime resurgit, puisque, pour notre auteur, tous les chemins mènent à la mer : que ce soit la route sous forme de « *route dont on pressent qu'elle conduit vers la mer* » (*RS*, 82) ou sous forme de « *coulée lisse de fleuve d'asphalte* » (*P*, 44), « *rugissant et suant* » (57). Le bout de la route, c'est toujours la mer, ou plus exactement son côtoiment, c'est-à-dire la fréquentation « des rivages de la connaissance », de l'« autre rive ».

Faire de la mer le but de la route, n'est-ce pas d'ailleurs substituer le voyage au voyage, la quête à la quête ? Et n'est-ce pas là ce qui caractérise justement l'errance initiatique ?

Par ses multiples implications, les images et les métaphores de l'eau, on le voit, s'adaptent à toutes les translations que sollicite une imagination qui, bien qu'échappant à tout symbolisme réducteur, n'en reste pas moins extraordinairement organisée. Tout se tient comme par des liens cachés et correspond par un système d'échos magiques. Tout s'enchaîne, non par la logique, mais par le mouvement d'une rêverie que Gracq définit dans *Les Eaux étroites*, comme « *la totale liberté d'association qui remet sans trève dans le jeu les significations et les images : son climat exclusif est la vitesse, et son trajet d'élection le court-circuit* » (*EÉ*, 46-7).

Faisant nôtre cette assignation à critique « boule de neige » (et non « tiroir »), nous remettons dans le jeu les thèmes abordés, notamment celui du voyage, qui, associé à la quête, va se voir associé à la mort.

l'eau et la mort

Ces trois axes essentiels que sont l'attente, la quête et la mort entretiennent entre eux des relations étroites, rendant les réseaux métaphoriques de leur translation poétique fatalement enchevêtrés et indissociables. C'est ainsi que le paysage aquatique, que nous avions perçu comme le paysage de l'attente et de la quête, se révèle être aussi un paysage où la mort se trouve inscrite et multiplie les signes annonciateurs. Mais, les métaphores de l'eau ne vont pas seulement suggérer, elles vont directement traduire la mort, en faisant de l'élément liquide « son support matériel », selon l'expression bachelardienne. La dimension mythique unit aussi ces deux thèmes ancestraux, ceux de la mort et de l'eau, mythes dont nous retrouvons les traces au cœur de cette œuvre, et dont le principal élément commun sera précisément le thème du voyage.

Voir la mort inscrite au sein du paysage gracquien, c'est dire que l'impressionnalité du décor s'exerce non seulement sur les personnages, mais sur leur destinée, sur la dramatique des récits. Ceux-ci vont se trouver au cœur d'un espace « événementiel » dont les trois orientations essentielles vont être autant d'étapes ou de seuils à franchir, sans que pour autant celles-ci soient disposées sur un vecteur linéaire, car, si attente, quête et mort semblent se suivre, leur ligne de force relève en fait du cercle plus que de la ligne droite. La quête engendre l'attente, tout autant que la réciproque, de même que la mort ne saurait constituer le terme de l'une ou de l'autre, elle n'est peut-être elle aussi qu'une possibilité dont la fréquentation, comme on le voit dans *Au château d'Argol*, conduit à une nouvelle recherche errante. L'obsession de la mort et de la quête vont de pair, et la première ne peut être considérée comme l'aboutissement de l'autre. Chez Gracq rien n'est clos, rien n'est conclu, rien n'est résolu. Ainsi, même si la mort est souvent le terme du destin des personnages, elle n'a pas à être considérée comme un but, et le fait même que sa certitude se trouve toujours plus ou moins esquivée à la fin des récits, est peut-être l'indice qu'elle importe moins en tant qu'événement, qu'en tant que tentation, c'est-à-dire en tant que catalyseur et révélateur.

Le paysage liquide n'est donc pas essentiel en ce qu'il est l'image parallèle d'un destin, mais en ce qu'il entretiendra avec les personnages des relations interactionnelles constantes et insidieuses, faites d'échanges et de correspondances signifiantes.

Ce qui frappe tout d'abord dans ce décor, c'est la profusion d'un type d'eaux particulier, dont Bachelard a relevé les similitudes avec la représentation imaginaire de la mort.

Le domaine de l'eau funèbre regroupe les eaux sombres, noires, mais aussi les eaux dormantes, immobiles, lourdes, stagnantes, silencieuses... bref, toutes les eaux qui suscitent, de près ou de loin, le sentiment d'une fatalité hostile, d'un sommeil menaçant et éternel. Aucun de ses récits n'échappe à l'influence des eaux mortes. C'est ainsi que dans *Un Beau ténébreux*, nous trouvons cette présence de « *l'eau noire* » (*BT*, 22, 23), à laquelle fait écho « *une eau lourde* » (114), avec à l'arrière-plan de ces apparitions répétées, le thème de la noyade, pouvant être pris comme la métaphore de la perte salutaire du héros pour les autres humains : « *Visiblement, il y avait là un homme qui se perdait, aussi clairement qu'on voit du rivage un noyé s'enfoncer dans l'eau...* » (109).

La noyade est par ailleurs le signe d'un éveil, éveil à une autre réalité, une Surréalité, dont nous avons vu qu'elle prenait la figure aquatique de la mer. Dans *Au château d'Argol*, il est dit explicitement que les eaux noires ont une profondeur « *significative* » (*CA*, 100) sans que, comme toujours, cette signification soit « énoncée », laissée en suspens. C'est sans doute dans ce récit que l'eau morte évoque le plus intensément le sommeil et se trouve alliée au silence et à l'immobilité. L'eau d'Argol, que ce soit celle de la mer ou des rivières, est une eau immobile (30, 48), une eau qui sommeille (10), une eau qui dort (106).

L'atmosphère onirique qui s'en dégage est encore accentuée par la présence du silence qui se referme « *avec un curieux pouvoir d'engloutissement* » (*CA*, 137). En nous plaçant ainsi à la frontière de la veille et du sommeil, nous nous trouvons du même coup environnés du climat le plus propice à susciter le contact avec le point magique « où tout cesse d'être perçu contradictoirement », point dont on ne sait pas s'il appartient au domaine de la mort, ou ne fait que le côtoyer.

Cette présence de l'eau noire et dormante se retrouve dans « La Presqu'île », là aussi associée au silence : « *flaque de silence* » (*P*, 70), eau noire, eau dormante (70, 107), « *silence d'étang noir* » (214), « *mares songeuses, endormies* » (134).

Il est donc clair que si l'eau unit son destin à celui de l'homme, ce destin est toujours obscurément ressenti comme latent, alors même que le récit n'en comporte pas forcément l'accomplissement total. « La Presqu'île » a beau être un récit dont l'achèvement n'est pas la mort (physique tout au moins), il n'en reste pas moins imprégné (avec les doubles implications de ce terme).

Mais il n'y a pas que les eaux noires et hostiles qui soient emblématiques de la mort. Il y a aussi cette atmosphère d'eaux croupies, d'eau « *lourde et gluante* » (*RS*, 83), cette moisissure obsédante qui affecte aussi les êtres au point qu'elle les fascine comme elle fascine les ruines (83), et semble les tenter : « [...] *je plongeais avec délectation dans ces profondeurs qui fermentaient* [...]. » (54).

Certains, comme Marino, s'y laisseront prendre, de même qu'ils s'étaient laissés engluer par un temps mort. D'autres, comme Aldo, réussiront à échapper à cette hypnose de la mort. Il est à remarquer d'ailleurs que les thèmes de la dissolution et de l'enlisement, souvent rapprochés, sont en fait, à l'opposé l'un de l'autre. La dissolution, si elle est salutaire et dynamique, accomplissement d'un désir de communion avec le cosmos, se distingue d'un enlisement qui, lui, n'est que l'expression d'un « manque d'être ». Certes, les deux semblent se rejoindre dans la mort, mais la qualité de cette mort sera différente, comme l'est ce qui est volontaire de ce qui est subi, comme le seront la mort d'Allan et celle de Marino.

Ajoutons également que dans *Un Balcon en forêt* l'atmosphère sous-marine constitue l'indice de la mort prochaine, et que Grange, dans la chambre de Mona, qu'il perçoit à travers « *des épaisseurs d'eau* » (*BF*, 251), sent du même coup monter en lui une eau grise et noire. Son ombre restera floue jusqu'à la fin, « *mangée de partout par le noir* » (251). C'est dire que l'eau est non seulement annonciatrice de mort, mais qu'elle est la substance même de cette mort[25].

La « dynamique du noir » sera donc celle de la nuit, de l'eau et du cosmos, tout à la fois, en même temps qu'elle sera celle de la mort.

Mais, si l'eau est la substance de la mort, en même temps que son cosmos, c'est peut-être aussi par son étendue : les profondeurs marines évoquant l'infini d'une nuit cosmique. Or, si l'on rapproche ces deux aspects de la métaphore marine, à savoir : cosmos de la mort et expression de la « Co-naissance », sans aller jusqu'à résoudre l'équation qui ferait que la connaissance s'atteindra par la mort, nous n'en soulignerons pas moins cette troublante coïncidence qui met en relation l'élément de la connaissance avec celui de la mort, les deux ne faisant qu'un.

Mais l'eau est substance de mort à bien d'autres égards. C'est tout d'abord l'expression même de la fatalité, fatalité d'un temps qui passe, d'une eau qui coule inéluctablement[26].

L'image devenue classique du temps qui passe et de l'eau qui coule, revient souvent dans les récits. Mais ce qui reste particulier à cette œuvre, bien que là aussi il s'agisse de la reprise d'un thème romantique, c'est l'emploi, par Heide et Allan, d'un « *liquide de mort* » (*CA*, 179) : « *liquide sombre* » (177), « *liquide noir* » (*BT*, 209). C'est toute la mort qui se trouve matérialisée dans cette eau empoisonnée, dont quelques gouttes suffisent à donner le sommeil éternel.

Il nous faut à présent aborder cette dimension mythique où se côtoient une fois encore l'eau et la mort. Bachelard nous livre la trajectoire de ce recoupement en deux phrases :

« *La mort est un voyage et le voyage est une mort.* » (p. 102 [1]) ;
« *Le mythe de la mort conçu comme un départ sur l'eau* [...]. »
(p. 103 [1]).

Ainsi, le thème du voyage sera rattaché non seulement
à celui de la quête, mais également à celui de la mort. Prendre
la mer (des Syrtes, par exemple), ce n'est pas seulement aller
au-devant de la connaissance, mais c'est du même coup se
confronter avec la mort possible. Mort qui chez J. Gracq se
confond curieusement avec une renaissance. C'est là qu'inter-
vient surtout le thème de la barque, agent salutaire de ce
voyage :

Ah ! Je voudrais par quelque pouvoir de conjuration que lui aussi
m'endorme avec lui pour toujours, me fasse mourir à ce monde
de fantômes, et, couchés côte à côte dans la barque funèbre,
glisser, enfin morts au monde, vers ce pays inconnu dont une
malédiction l'exile et que tout lui rappelle.   (*BT*, 143)

La barque apparaît comme l'un de ces refuges privilégiés,
où l'homme embusque ses aspirations à la plénitude, plénitude de la mort, mais aussi du sommeil qui lui ressemble :
« *Il s'endormit, sa main pendant de son lit au-dessus de la
Meuse comme du bordage d'une barque* [...]. » (*BF*, 16).

L'être s'identifie d'ailleurs souvent aux mouvements
mêmes de cette barque, charriée sur le fleuve de la vie :

[...] ces mots brusquement le séparaient d'elle, le décollaient de
sa berge [...].   (*BF*, 90)

[Mona glissait] dans le fil de la route, comme une petite barque
qui s'abandonne au vif du courant.   (*BF*, 96)

[...] il lui semblait qu'il larguait ses attaches ; il entrait dans un
monde racheté, lavé de l'homme, collé à son ciel d'étoiles de ce
même soulèvement pâmé qu'ont les océans vides.   (*BF*, 97)

59

Larguer les attaches, sentir cette impression de « lâcher tout », autant de souhaits et de désirs sans cesse renouvelés, de vivre intensément une vie marquée du sceau de la solitude, avec comme horizon, « *une idée vague et douce : celle du repos, de la paix de l'échouage, du bout du monde, du havre dernier* » (*P*, 76).

On discerne à travers ces quelques exemples, le thème mythologique du « passeur », cet être de légende dont la barque mène de la rive des vivants au domaine des morts. La Meuse, la mer des Syrtes et celle d'Argol semblent prendre l'allure estompée et obscure de ces eaux imaginaires. L'omniprésence de la mer va de pair avec celle de la mort, et le face-à-face du héros et de l'océan (Allan et Heide, par exemple) se double d'un avertissement prémonitoire, étant entendu que « *Le héros de la mer est un héros de la mort* » (p. 101 [1]). Répondre à l'appel de l'eau, c'est se prêter et s'offrir à la mort.

III

L'EAU ET LA FEMME, AGENT PRIVILÉGIÉ
DE L'ÉVÉNEMENT

les analogies

S'IL est un être qui réunit en lui toutes les tendances à la fois, toutes les tentations du héros et, plus encore, est l'agent de leur accomplissement en même temps qu'il est l'expression vivante de cette « plénitude d'être » enfin atteinte, c'est la femme. Toujours présente au cœur des récits gracquiens, et d'une façon déterminante, la femme porte non seulement inscrites en elle d'une façon exacerbée les données du projet surréaliste, mais elle est plus encore la clé de l'événement qui conduit à la réalisation de ce projet. L'importance de la femme chez les Surréalistes n'est plus à démontrer, et elle n'a d'égale que l'importance de ce vers quoi elle mène, à savoir, le Surréel, dont nous avons vu que l'eau constituait l'expression métaphorique.

Dès lors, l'eau et la femme se trouvent non seulement, « naturellemènt » liées [27], mais accordées l'une à l'autre par des correspondances dont l'étroitesse les met en constante relation. Si nous remontons le cours de notre étude, nous retrouvons les traces de ce que l'on doit désigner comme une « complicité » entre la femme et l'élément liquide. Ainsi, à la dominante aquatique du paysage gracquien, nous trouvons superposée la dominante féminine. La femme semble faire partie intégrante de ce paysage, ce qui va bien au-delà de l'impressionnalité à laquelle sont soumis les autres personnages.

On sait la place que tient le sentiment de la nature chez l'auteur. Or, la femme apparaît comme l'être privilégié qui en est le plus proche, le plus apte aussi à se laisser envahir par la fascination qu'elle procure, notamment à travers « *certains êtres obscurément et mieux accordés que d'autres au bond de l'animal, au balancement de la branche* » (*BT*, 50).

La femme gracquienne, plus proche de la nature que de l'humain, est souvent ressentie du côté « de l'animalité », comme Heide qui « *se repaissait avec une inconscience animale de l'air vif et exaltant, de l'étincellement des gazons et des arbres, de la pureté des eaux vives* » (*CA*, 71). Ou Mona qui « *détendit ses reins d'une secousse affolée de gibier dans le piège* » (*BF*, 66).

Mais le plus significatif se trouve sans doute dans les descriptions de ces différentes femmes qui hantent les récits de Gracq. En les relisant l'une après l'autre, on a la vive impression que la femme est parvenue à une étape supérieure sur le chemin qui mène au Surréel. Elle n'aspire pas au cosmos de la même façon que l'homme, car elle en fait déjà partie intégrante, « mystérieusement accordée au monde ». C'est pourquoi ce sera dans cette figure emblématique que l'analogie surréaliste s'exercera le plus profondément. Toutes les femmes chez Gracq sont comme définies en « termes d'eau », inéluctablement placées sous son signe, et accordées comme elle aux puissances mythologiques de la nuit. Mona est sans doute celle qui cumule les rapprochements les plus nombreux et les plus significatifs. La première fois que Grange l'aperçoit, c'est « *à demi-fondue dans le rideau de pluie, une silhouette qui trébuchait sur les cailloux entre les flaques* » (*BF*, 52).

Pour lui, « *c'est une fille de la pluie* » (*BF*, 53), impression répercutée par celles que lui procure son rire, « *son rire de pluie fraîche* » (55), et son être tout entier :

Elle était spontanée, mais elle n'était pas limpide : c'était les eaux printanières, toutes pleines de terre et de feuilles. (*BF*, 61)

[...] une voix petite et claire familière déjà comme le jet d'eau [...]. (*BF*, 68)

[...] il se sentait comme sous la douche d'une cascade d'avril [...]. (*BF*, 85)

[...] elle était une pluie de baisers jamais lasse, un jeune orage de gaîté tendre [...]. (*BF*, 87)

Chaque évocation de Mona évoque du même coup cette nature à laquelle elle est intimement liée ; plus que tout autre, elle est « plante humaine » : « [...] *elle frissonnait toute* [...] *comme un jeune arbre qui répond au vent avec toutes ses feuilles.* » (*BF*, 67).

D'un roman à l'autre, les mêmes analogies se retrouvent entre la nature féminine et le monde naturel, analogies rendues plus sensibles encore par les images aquatiques. La femme est le type même de l'être surréaliste dont la nature, profondément accordée au monde, est perçue à travers le prisme du Surréel, qui devient métaphoriquement un prisme aquatique. C'est pourquoi, d'un récit à l'autre se répercutent les mêmes images :

[Christel] douce comme une pluie de printemps (*BT*, 213)

[La femme *(en fait, plusieurs)* de « La Route »] chaude, dénouée comme une pluie, lourde comme une nuit défaite [...]. (*R*, 29)

[Irmgard] toute neuve et fraîche, comme une ondine qui sort de l'eau. (*P*, 74)

[La Servante-maîtresse du « Roi Cophetua », qui] envahissait la pièce comme une vague (*RC*, 225)

[et dont la marche ondulait] comme si elle eût été portée sur
flot.   (*RC*, 238)

[Vanessa, au rire] de pluie de gaîté tendre   (*RS*, 80)

[au sourire] mouillé [de] douce averse   (*RS*, 244)

L'échange de nature se fait si complet, si achevé, entre
la femme et l'eau, que la pluie, à son tour, évoque la femme :
« *Quand le vent tombe et que la pluie cesse à la nuit après
une longue journée d'averse, les rues d'un village sont comme
une femme qui enlève son manteau sur une robe claire* [...]. »
(*RC*, 230).

La femme devient à son tour la référence, le point de
comparaison pris par le poète pour évoquer la nature. Ainsi,
pour traduire l'impression que lui procure la pierre de tuf-
feau, l'auteur en appelle à « *un matériau féminin, pulpeux,
au derme profond et sensible, tout duveté des subtiles
impressions de l'air* » (*BF*, 144).

Le sentiment de la nature et de la femme vont tellement
de pair chez Gracq, que son évocation tient plus du blason
que de la description. (On songe ici au poème d'André Breton
« *L'Union Libre* », où l'on ne trouve que contiguïté entre la
nature et la femme. On peut rapprocher ce poème admirable
où l'être féminin accède à des dimensions cosmiques, de la
vision qu'a notre auteur de la femme.) Le plus caractéristique
se tient sans doute dans l'évocation de la chevelure, dont le
mouvement rappelle irrésistiblement celui de l'eau. De même
que la nuit et le silence se substantifiaient, la chevelure se
fait élément liquide. Cette ancestrale alliance imaginaire de
la chevelure féminine et de la matière liquide se retrouve
chez les héroïnes surréalistes :

Elle dénouait ses cheveux qui se répandaient sur le gazon comme
une flaque.   (*CA*, 75)

[...] en plongeant la main dans la crinière longue qui coulait comme de l'eau [...] (*BF*, 89)

l'averse des cheveux clairs (*P*, 59)

le flot répandu des cheveux noirs (*RC*, 239)

le fouet de pluie de sa chevelure (*RS*, 141)

toute ruisselante de sa chevelure de noyée (*RS*, 163)

Les images de l'eau et de la chevelure s'appellent l'une l'autre — termes que Gracq, nous l'avons vu, appliquait à la mer et à la forêt, mais qu'on peut également employer ici, tant il est vrai que la poétique gracquienne joue avec les correspondances les plus diverses et les plus inattendues, et cela à un point tel que certaines métaphores y font indistinctement référence, comme par exemple :

[...] les ondes légères d'un corps dénoué comme une chevelure [...]. (*CA*, 134)

[...] une femme [...] dénouée comme une pluie [...]. (*R*, 29)

Une autre correspondance significative que l'on retrouve ici, c'est celle, parallèle à celle de la nuit et de l'eau, de la chevelure et de la nuit. Nous avons déjà vu comment la nuit faisait l'objet d'une substantification. Or, par le point commun de leur fluidité, la nuit et la chevelure semblent mêler leurs essences : « [...] *le flot répandu des cheveux noirs*, [...] *sortai*[*t*] *moins de la nuit qu'il ne la prolongeai*[*t*]. » (*RC*, 239).

Ainsi, si Allan s'adosse « *à la nuit dissolvante* » (*BT*, 215), la femme, elle, s'y trouve déjà dissoute et est l'image d'une transgression accomplie. Ses limites sont déjà brisées : elle est déjà de « l'autre côté ». Unie au monde naturel par toutes les fibres de son être, la femme voit ces liens symbolisés non seulement par l'emblème de sa chevelure, mais aussi par celui de son regard. Là encore, l'évocation des yeux féminins chez Gracq appelle des métaphores aquatiques : c'est « *la lueur gluante* » des yeux de Heide (*CA*, 75), les « *yeux couleur d'éclaircie* » de Mona (*BF*, 56), les yeux de Vanessa avec leur « *reflet trouble des mers lointaines* » (*RS*, 53), son regard flottant, qui englue. On peut noter d'ailleurs qu'à chaque fois la description de la femme se fait avec les éléments particuliers au paysage dans lequel elle se meut. Pour Mona, fille de la pluie, on parlera d'éclaircie. Pour Vanessa, liée à la mer, ce sera de reflet de mers lointaines. De même que Mona dans l'amour évoque « *le jeune arbre* » (*BF*, 67), le désir de Vanessa suscitera l'image « *des étoiles qui sortent de la mer* » (*RS*, 81). La femme sera un être aux dimensions cosmiques dont on ne parlera qu'en termes de nature, comme témoignage des liens privilégiés et mystérieux qu'elle entretient avec le monde.

les images aquatiques du medium

Sa complicité avec l'eau est l'expression métaphorique de sa complicité avec un Surréel, avec lequel elle est liée en ce qu'elle est l'illustration du projet de réconciliation de l'Homme avec le monde et avec son unité. La femme naturelle est cette « plante humaine » qui plonge ses racines dans un univers avec lequel elle est en parfaite harmonie. Or, c'est peut-être dans la figure de cette femme « exemplaire » que les rapprochements que nous avons effectués entre l'eau et le Surréel prennent toute leur signification. Citons à cet égard F. Alquié parlant des femmes qui hantent le « poisson soluble » de Breton : « *Elles sont les messagères de l'*Ève *Nouvelle, toujours situées au-delà de nos désirs. Elles sont le lien, et comme le pont entre la veille et le rêve, et semblent promettre leur réconciliation : aussi, Breton prend-il soin de* *les placer en un autre élément, et, par exemple,* au fond de l'eau. » (p. 16-7 [6]) [28].

Ainsi, le thème de la chambre sous l'eau, ou encore de l'atmosphère sous-marine, n'est peut-être au fond que le Signe de cet Ailleurs, au seuil duquel on se tient. Mettre la femme « au fond de l'eau », c'est la placer dans une surréalité dont la fréquentation fait d'elle une sorte d'être transitoire entre l'humain et la matière liquide. Les métaphores s'appellent les unes les autres : aspirer à sa propre dissolution, c'est pour l'Homme aspirer à la surréalité, mais c'est aussi désirer « être entièrement baigné », comme Aragon, dans une « femme sans limite ».

La femme serait donc le poisson le plus soluble de l'univers ! (Simon ne compare-t-il pas Irmgard à une ondine ?) Fréquenter la femme, c'est pour le héros gracquien fréquenter la surréalité dans laquelle elle se meut. Souvenons-nous des épaisseurs d'eau à travers lesquelles Grange perçoit la chambre de Mona (*BF*, 251) et d'Aldo, qui au cœur du palais d'Aldobrandi, « *mal ancré* » (*RS*, 166), sombre avec Vanessa « *dans l'eau plombée d'un étang triste* » (164).

Plus troublant encore est le rapprochement qu'on ne manquera pas d'effectuer entre la mer, le Surréel et la femme [29]. Rappelons que, pour G. Durand, la mer est un isomorphe de l'élément féminin. Est-ce dire que la femme est un poème soluble dans la matière poétique ? Nous n'abuserons pas de ce syllogisme, cependant, un auteur aussi autorisé que M. Guiomar, a pu noter que « *Vanessa féminise la Mer et s'identifie au Désir absolu d'Aldo* » (p. 312 [12]).

Féminiser la mer, n'est-ce pas également féminiser la surréalité ? Parler d'un paysage en faisant référence à l'eau ou à la femme part de l'élan d'une même aspiration à transgresser les barrières du réel.

Ainsi, la nature féminine sera la plus encline à ouvrir les

portes d'un monde qui lui est déjà familier. Accordée à ce monde par de multiples affinités, cette femme, devenue figure cosmique, sera non seulement la figure emblématique du Surréel, mais elle s'en fera la messagère et la médiatrice, à la fois image du désir et instrument de ce qui la dépasse.

La femme est désignée à sa mission. Vanessa, qui est sans doute, de toutes, la plus « consciemment » médiatrice, instrument actif et nécessaire, est reconnue comme telle par Aldo :

> Les choses, à Vanessa, étaient perméables. (*RS*, 52)
> Je me remettais à elle au milieu de ces solitudes comme à une route dont on pressent qu'elle conduit vers la mer. (*RS*, 82)

Deux réflexions qui assignent à Vanessa une mission de « révélatrice » et de guide, qui lui échoit aussi naturellement que c'est en elle que se réalise le projet surréaliste de communion avec le cosmos dont les images les plus explicites sont celles de l'osmose. La matière féminine, l'être féminin, sont en état de perméabilité réciproque avec le monde. Aussi intimement familiarisée avec lui et partageant ses secrets, aussi sympathisante, il n'est pas étonnant que revienne à la femme cette mission de partage qui ressemble presque à un apostolat laïque.

Associée à un projet surréaliste dont elle porte les couleurs, elle va se faire l'agent privilégié de sa réalisation. Ce sera par elle que l'« avènement » arrive. Son rôle de médiatrice a souvent été souligné, sous ses aspects les plus divers. Tour à tour vestale, femme-enfant (on sait que l'enfance est l'état le plus approchant de celui que cherche à retrouver les poètes surréalistes), femme-Christ, dont Heide et Christel portent l'empreinte de la plus profane réminiscence, les héroïnes ne cessent d'arborer les emblèmes diversifiés d'une fonction qui reste la même : guider et révéler.

Mais, ce dont on a sans doute moins parlé, ce sont de ces associations qui, discrètement jetées et éparpillées dans le récit, dressent de la femme un portrait dont les éléments sont les mêmes que ceux qui figuraient métaphoriquement l'attente, la quête et la mort. Si nous reprenons ce premier thème, par exemple, nous nous souvenons que l'image du « chemin qui mène vers la mer », souvent reprise, évoquait directement la disposition intérieure de l'être en chemin, suspendu à son désir. Or, s'en remettre à Vanessa comme « à un chemin dont on pressent qu'il conduit vers la mer », c'est, du même coup, la ressentir comme le guide privilégié de son errance et de sa quête.

De même, la grève, cette frontière marine, nous était apparue comme une image essentielle de la quête, qui présentait les mêmes caractères d'état transitoire, suspendu entre un « être » et un devenir, comme ces plages que la mer couvre et découvre tour à tour. Or, Vanessa se trouve associée, elle aussi, à la grève : « *Elle surgissait du reflux de mes rêveries fiévreuses, ferme et élastique comme une grève* [...]. » (*RS*, 141).

Femme-frontière, Vanessa se pose comme telle, pour mieux en appeler à sa transgression. Elle est la frontière et la transgression. Dès lors, c'est le statut de l'amour, auquel la femme est indissociablement liée, qui prend pour nous une nouvelle tournure. L'invitation à l'amour fait corps avec une invitation à la transgression d'où surgira l'étincelle de la connaissance. La première de ces frontières qu'elle invite à transgresser sera celle de son propre corps. Le fait que l'« *accomplissement de l'acte charnel s'accompagne toujours de l'image du puits ou de la noyade* » (p. 296 [30]), va de pair avec la métaphore réitérée du « bain » de connaissance [31], dont *Au château d'Argol*, dans son chapitre central, porte la signification au plus haut degré de transparence. Le symbolisme abyssal, le schème de l'avalage, que G. Durand relie à l'acte d'amour, importe moins ici sous son aspect psychanalytique que dans sa relation avec les thèmes de la dissolution ou de l'absorption chez Gracq. « S'ensevelir » dans une femme — image qui frappe l'auteur chez Montesquieu (voir *En*, 272) — et « s'abîmer en mer », importent moins pour nous, en ce qu'ils s'ajoutent aux exemples amoncelés par la critique « psy », d'une association inconsciente entre la mer et la femme (qui à force d'être relevée ne peut aujourd'hui que devenir consciente), qu'ils importent chez Gracq en ce qu'ils manifestent la parenté entre la révélation de l'amour et celle de la connaissance. Faisons confiance à J. Gracq pour ne pas prêter le flan à une critique facile, consistant à voir en l'eau marine la nostalgie de la mère. Bien plus particulier à son imaginaire, à son univers, est le fait d'avoir fait d'un côté, de la mer, l'expression métaphorique du Surréel, et du bain sa confrontation avec lui, et de l'autre, avoir associé la femme à l'eau : c'était du même coup rapprocher cette dernière de la surréalité en même temps que promouvoir l'amour à un état d'initiation, d'ouverture « vers » la révélation de cette surréalité. Souvenons-nous de ces phrases du *Château d'Argol* :

Elle sortait de cette nuit d'effroi comme du gouffre élastique des fraîches eaux [...] elle sentait encore la puissance d'Herminien sur elle comme le déluge salé et fortifiant de l'eau vivante de la mer [...] pour la déposer en un voyage sans retour sur l'*autre rivage* de l'Océan [...].   (*CA*, 134)

l'eau emblématique

Unissant en elle autant de signes et de présages, les faisant miroiter comme autant de flèches indicatrices, la femme ne pouvait pas ne pas se voir allier, à son rôle de medium, celui du passeur. Toute l'ambiguïté de son être se tient dans sa double mission de vie et de mort, ambiguïté qui n'est pas sans rappeler celle de l'élément liquide avec lequel, une fois de plus, elle se révèle sous le joug d'une de ces « identités secrètes ». Comme nous l'avons déjà vu, la mer a « à voir » aussi avec la mort, et la main qui y conduit tient réunies les forces de l'espoir et de l'anéantissement possible. Figure poétique de cette femme qui est à maints égards, aussi, figure mythique et être de légende. Unies par leur dimension mythique, la femme et la mort se côtoient, et, une fois de plus, l'eau sera leur terrain de rencontre, de prédilection commune.

Appliquer à la figure féminine les stigmates de la mort, c'est une façon de faire resurgir le mythe, qui n'est, à son tour, qu'une nouvelle manière de transgresser les lois de l'implacable logique du réel.

Or, quel mythe pouvait mieux réunir en son sein la femme et la mort que celui d'Ophélie ? Et n'est-ce pas elle qui jette son ombre sur le profil « perdu » des héroïnes ? Sans que son nom soit prononcé, sa présence est discernable néanmoins au cœur des métaphores aquatiques relatives à la femme, et, plus précisément, par le biais magique de la chevelure. N'est-ce pas Ophélie qui rêve en Christel : « *Combien je donnerais pour flotter endormie au-dessus des espaces d'ennui qu'on traverse à vivre, tous ces moments où la pensée ne vous quitte jamais qu'on pourrait être ailleurs.* » (*BT*, 27).

La femme gracquienne est une femme « flottée » : « [...] *il y avait un signe sur elle : la mer l'avait flottée jusqu'à lui sur une auge de pierre* [...] *la vague qui l'avait apportée la reprendrait.* » (*BF*, 117) (vague de vie ou de mort, ce sera de toute façon la « vague noire » de l'absence). C'est aussi la Servante-maîtresse du « Roi Cophetua » : « [...] je *l'aurais reconnue à la manière dont seulement au long de sa marche ondulait sur le mur la lumière des bougies, comme si elle eût été portée sur un flot.* » (*RC*, 238).

Plus encore, c'est tout le flot de cette chevelure noire qui « *prolongeant la nuit* » (*RC*, 239), suggère une eau noire qui « s'ophélise » selon le terme de Bachelard, à tel point que le visage reste noyé, regagnant « *sournoisement l'abri de la chevelure* » (243).

De même, Vanessa a « *une chevelure de noyée* » (*RS*, 163), qui fascine Aldo : « [...] *il me semblait que je regardais émerger de vague en vague entre deux eaux la dérive de cette tête alourdie, de plus en plus perdue et lointaine.* »

Le sommeil où sombre la femme évoque immanquablement le sommeil d'Ophélie, flottant sur son fleuve : « *Parfois, à mon côté, je la regardais s'endormir, décollée insensiblement de moi comme d'une berge* [...]. » (*RS*, 162).

L'eau de ses yeux n'est pas non plus par son attraction, sans évoquer l'appel de l'eau, l'appel de la mort : « [...] *je voyais flotter au-dessous de moi ses yeux d'un gris plus pâle* [...] *ces yeux qui m'engluaient, me halaient comme un plongeur vers leurs reflets visqueux d'eaux profondes* [...]. » (*RS*, 163-4).

De même qu'en se faisant frontière elle invitait à sa transgression, en se faisant Ophélie, elle invite à la mort. C'est sans doute dans *Au château d'Argol* que nous trouvons rassemblées les réminiscences éparses qui plongent leurs racines dans une mémoire mythique dont la faculté de transgresser le réel la doue d'une charge poétique propre. La solution poétique de J. Gracq intègre tous les aspects de la poésie dont le mythe n'est pas le moindre. L'auteur met d'ailleurs sans doute, en Albert, sa propre préoccupation attentive aux mythes : « *Albert portait une riche curiosité*

aux mythes qui ont bercé l'humanité dans sa longue histoire,
il en recherchait avec passion la signification intime [...]. »
(CA, 39).

Or, comme souvent chez notre auteur, la parole discursive trouve un écho poétique, illustration directe et comme la solution appliquée d'une recherche en filigrane. Écriture alternativement à fleur de poésie et plongée en elle, comme le navire qui tangue et se sépare de la vague pour mieux s'y replonger, le récit gracquien offre de ces reculs qui ne font qu'alerter l'imagination, l'éveiller à une existence débridée. La description de Heide, retrouvée par Albert dans la forêt, superpose diverses composantes mythiques. Rappelons-en les points les plus saillants :

Ses cheveux flottaient en longues vagues dans la source et sa tête rejetée en arrière, et noyée dans l'ombre où luisaient seulement les dents nues de sa bouche, faisait avec son corps un angle horrible et haussait vers le ciel ses seins gonflés et caressés par la lune avec l'élan d'une insoutenable ardeur. Du sang tachait, éclaboussait comme les pétales d'une fleur vive son ventre et ses cuisses ouvertes, plus sombres que les fleuves de la nuit [...].
[...]
[...] une goutte de sang filtra avec une lenteur insensée, roula le long d'un doigt et tomba enfin dans l'eau de la source avec un son bizarrement musical. *(CA, 126)*

Nous trouvons dans cette vision des éléments dont les charges mythiques cumulées sont autant de charges émotionnelles (correspondant à la seule définition possible de la Beauté chez Breton, Beauté dont Heide est le pur symbole, non seulement beauté de la femme, mais idéelle Beauté). Ces éléments, aimantés, magnétisés, sont l'eau, la chevelure, la lune, la nuit, le sang et la femme. Chacun d'eux entretient avec les autres des relations particulières et privilégiées. Notons, tout d'abord, la puissante inspiration mythique qui se dégage de cette scène : la chevelure de Heide qui flotte dans l'eau, l'alliance de la lune et de la femme et, plus encore, celle du sang, de la femme et de l'astre. Nous avons là, rassemblés, plusieurs supports imaginaires dont on sait combien ont pu s'inspirer les légendes et les mythes, figures et thèmes dont les significations s'appellent les unes les autres et semblent former autant de points irradiants. Il se dégage en effet de cette conjonction une atmosphère de complicité mystérieuse et « signifiante » entre une nature qu'on trouverait presque « choisie », et mieux encore, « de prédilection », et une femme qui, plus que jamais, accède à un cosmos avec lequel elle fait corps. Or, une fois de plus, le mythe est éclaté et divers, de même que le symbole est ouvert et nous est consenti à la seule condition de son ambiguïté. La nuit, en effet, comme le sang, évoque à la fois la mort et la figure d'Ophélie, et le corps féminin dans ce qu'il a de plus intime. Dans cet étrange tableau, la puissance suggestive semble principalement tenir en deux choses : d'une part, dans l'évocation du viol lui-même par le sang, le paysage nocturne et néfaste, d'autre part, dans la promesse de mort dont, la nuit, le sang, la lune, cet astre blafard, et la figure d'Ophélie sont autant de présages. Pour Bachelard, une eau trop longtemps exposée à la lune est empoisonnée (p. 123 [1]). Or, rappelons qu'après son long dépérissement, révélé par une pâleur, chaque jour accrue, et que l'imagination accorderait volontiers à l'influence de l'astre lunaire, Heide mourra justement par le poison.

Ainsi, dans quelque domaine que ce soit, la femme semble placée là pour devancer le héros. Mieux que tout autre, elle est exemplaire dans ses relations avec le monde, naturel et mythique, avec qui elle a depuis toujours noué des liens privilégiés et mystérieux. Plus que tout autre, elle s'est révélée, à travers ces quelques exemples, comme un être dont l'essence s'accorde profondément au projet surréaliste d'unification, d'osmose totale avec l'univers. Elle est le réceptacle désigné et stigmatisé de tous les signes que les poètes surréalistes se sont efforcés de capter et de « toucher ». « *Les choses lui sont perméables* » (*RS*, 52) et les personnages masculins s'efforceront de mettre leurs pas dans les siens, pour qu'elle les conduise là où ils veulent aller, et dont ils pressentent que la Femme est la meilleure ambassadrice.

Or, son exemplarité s'étend aussi, comme on l'a vu, au domaine des événements dont elle se fait le catalyseur et qui sont autant d'étapes nécessaires à la réalisation de ce projet. Marquée par les signes de l'attente, de la quête et de la mort, elle porte leur emblème, et invite l'homme à les vivre en se mettant elle-même sous leur coupe et dans leur sphère attractive. On a souvent parlé de la femme gracquienne comme d'un double féminin du héros. C'est bien ainsi qu'elle se présente, à ceci près que, si l'on accepte de la prendre pour une ombre, ce sera une ombre qui « va de l'avant », et que l'on s'efforcera de rejoindre sans y parvenir. Elle devancera toujours un peu celui qui cherche à la suivre, illustrant ainsi cette expérience du « vide interstitiel » qui résume brièvement le statut d'une recherche dont le but échappe chaque fois que l'on croit l'atteindre...

IV

L'EAU DRAMATIQUE

le mouvement dialectique des métaphores :
l'exemple du Rivage des Syrtes

L'EAU est « décor », mais elle est aussi « support », ce qui implique que son rôle « passif » se double d'un rôle plus « actif ». Or, c'est bien en tant que protagoniste du récit que cet élément va nous apparaître. Du rôle de figurant, l'eau va passer à celui d'acteur, en s'animant de la même tension dramatique que celle de notre récit. C'est ainsi que nous pouvons relever une double figuration métaphorique de ce mouvement : figuration dialectique tout d'abord par le combat eaux mortes / eaux vives, figuration parallèle ensuite par le thème de la remise à flot et non seulement « mise à flot », tout cela vu dans *Le Rivage des Syrtes*.

Ce qui distingue cet acteur un peu exceptionnel, c'est qu'il se multiplie et se dédouble, surgissant à chaque tournant du drame qui se joue. Or, chacune de ses facettes est signifiante et porte en elle la trace de « l'avènement » à venir. Voyons tout d'abord en quoi ce paysage d'eaux mortes recèle les signes avant-coureurs d'une « Renaissance ».

On peut sans doute classer « la brume » parmi ces eaux intermédiaires, dont la nature duelle en font la moins morte des eaux mortes. En effet, comme la pluie, son alliance avec l'air lui donne une propension au changement, à la mutation. Contrairement à l'eau lourde de terre, la brume engendre sa dissipation, et fait ainsi figure d'état intermédiaire.

Eau « en suspens », c'est bien ainsi que s'appréhende sa fonction dramatique. Sa présence obsédante tout au long du récit a pour principal effet de « décentrer la vie ». La brume « fantomatique » nous place à la frontière de deux mondes : elle brouille le passé pour mieux inciter à l'avenir. Non seulement elle voile le passé, dans sa dimension temporelle (« les brumes de l'enfance »), mais elle voile aussi l'avenir d'une façon presque « géographique ». Son action dramatique joue en effet sur ces deux registres, et, là encore, on constate toute l'originalité de la métaphore gracquienne, qui transgresse les différents domaines du mental et les unit en leur donnant un référent commun. Isolant du passé temporel qui est aussi un « être-là » spatial, la brume appelle au « projet », c'est-à-dire à un « là-bas » qui est en même temps un avenir.

Pour illustrer cela, nous rappellerons ces deux étapes essentielles de notre récit : « [...] *noyer ses frontières les plus proches dans des brumes lointaines* [...] » (*RS*, 199) et « [...] *l'horizon, devant nous se déchirait en gloire* [...]. » (205).

L'eau lourde, gluante et noire du marécage est au contraire l'eau morte par excellence. Or, cette eau constitue pour l'action dramatique une sorte de « donnée » initiale, sa base, son point de départ. Matière commune à Orsenna et à Maremma, elle appelle à l'absorption, à la dissolution, à la mort, mais c'est par là même, la menace à évincer, ce sur quoi l'action va se porter. Cette fascination — « *l'eau morte qui fascinait ces ruines* » (*RS*, 83) — va par ailleurs se trouver neutralisée par celle de « l'au-delà *fabuleux d'une mer interdite* » (199).

La mer, en effet, si elle est « *vide* » (*RS*, 10), « *vacante* »

(196), « *morte* » (13) ne fait pas moins figure d'un espoir déployé, d'un seuil à franchir, d'une frontière à violer.

Nous voyons donc comment par ces trois aspects l'eau va se trouver au centre d'une figuration dramatique. Ces trois composantes, en effet, sont également dynamiques, toutes trois participent à la même action. Elles accompagnent Aldo dans sa transgression : la brume se déchire, la mer le porte et s'anime, le marécage est vaincu.

Ainsi, l'eau est non seulement un élément du décor qui situe « les êtres et les choses » sur le plan de l'universel, mais c'est aussi et surtout le support d'une action qui elle aussi, dépasse « l'humain ». On songe ici à cette réflexion de Reverdy : « *Le drame humain et le drame universel tendent à s'égaler.* » [32]

Or, c'est bien là ce qu'expriment les métaphores de l'eau morte et de l'eau vive dans leur évolution. Non seulement, en effet, la brume « se déchire » et la mer devient une mer en fête (*RS*, 207-8), mais, à tout cela, s'ajoute une valorisation de l'eau vive, en fin de récit. On assiste donc parallèlement à un changement de registre des métaphores, qui de l'eau morte deviennent « métaphores de l'eau vive ».

Dans la partie du récit suivant le voyage d'Aldo au-delà de la limite des eaux, on relève en effet une multitude d'images mettant en scène ces dernières, alors qu'elles n'apparaissent que très rarement au début (seulement dans l'épisode des ruines de Sagra). Juste avant « la croisière », déjà, le discours de Noël, véritable prémonition, mettait en scène cette eau vive : « *Heureux qui abandonne sa barque au fort du courant* [...]. » (*RS*, 179).

Mais, c'est surtout dans le discours de Danielo et dans ce qui suit que revient le leitmotiv du fleuve et celui du jaillissement :

[...] le *temps* [...] coulait maintenant en torrent à travers les rues.

(*RS*, 295)

[...] de quoi peut encore se réjouir une pierre inerte, si ce n'est de redevenir le lit d'un torrent ?   (*RS*, 310)

[...] faire de sa volonté une pierre jetée au travers du courant.

(*RS*, 311)

[...] c'était comme si la torpeur des sables avait été transpercée tout à coup du bruit des milliers de fontaines [...].   (*RS*, 319)

[...] des bruits légers montaient par intervalles de la ville basse, bruit de l'eau qui coule [...].   (*RS*, 321)

On voit bien comment « *cette remise en route de l'His-toire* », cette libération « *par distillation* » d'« *un élément volatil* », « *l'"esprit de l'Histoire"* » (*En*, 216-7), se traduit par ces métaphores mettant au premier plan l'eau vive, l'eau jaillissante. Et que dire de la question clé « Qui vive » ? Là encore, c'est peut-être aussi l'image de la source qui se projette en filigrane par-delà le renouveau humain qui s'amorce.

Mais, c'est sans doute par toutes les métaphores du navire que l'action dramatique est le plus nettement scandée. Remarquons en effet que tous les lieux signifiants du récit revêtent la forme du navire. L'Amirauté, par exemple, se présente toute imprégnée d'un silence « *d'épave abandonnée* » (*RS*, 21). Puis, la comparaison se fait plus précise, lorsque la remise à neuf de ce bâtiment devient une « *mise à flot* » (130).

Vient ensuite le palais Aldobrandi qui semble tanguer « *comme un navire mal ancré* » (*RS*, 166) et l'île de Vezzano « *comme une proue surélevée* » (149), « *évacuée comme un navire qui coule* » (150). La côte du Farghestan prendra à son tour l'aspect « *d'un navire qu'on éperonne* » (217).

Toutes ces métaphores sont autant de représentations au « figuré » de la vedette qui portera Aldo vers son destin, vedette qui prend elle-même des allures de symbole.

Or, toute cette série de métaphores subit elle aussi une évolution, dont les différentes phases marquent autant de tournants dramatiques. Le registre qui prédomine au départ est celui de : « La barque à l'échouage », de « l'épave abandonnée... ».

Jean-Paul Weber nous a parlé du thème du « lancement du navire »[33]. Mais, cela suppose un navire neuf, sans passé, dont l'existence serait totalement tournée vers le futur. Or, ici, il semblerait plutôt que notre navire « en partance » a derrière lui tout un passé de « barque échouée », voire pourrie. Nous assistons ici, non à un lancement, mais à une remise à flot, et c'est ce qui nous a permis de parler d'un mouvement que l'on peut, pour plus de facilité, qualifier de « dialectique » : de la mort, on passe insensiblement à la vie, selon un mouvement qui emprunte son rythme au cosmos. Ainsi, les métaphores passent à un deuxième stade, sorte d'étape transitoire, mettant en avant le thème de la mise à flot qui est davantage, en fait une remise à flot. Dès lors, le palais Aldobrandi devient « *un navire mal ancré* » (*RS*, 166) et c'est seulement à ce moment que l'on parlera de « navire en partance ». Le grand « lâcher-tout » prendra une intensité et une profondeur nouvelles car les forces vives qu'il libère prennent appui sur une inertie vaincue. L'histoire prête au drame de notre récit sa profondeur et sa vigueur : plus que le « lancement du navire », c'est toute la préparation à ce lancement qui en sera le « suspens ».

Là encore, la métaphore transgresse les domaines et jette ses prolongements dans un autre ordre de réalité, et c'est toute la société d'Orsenna qui devient un « *paquebot qui lève l'ancre* » (*RS*, 288).

Dire de l'eau qu'elle est dramatique, c'est presque en faire une volonté tour à tour complice de forces négatives et positives, dispensatrices de mort ou de vie [34].

Le sang semble porter à son plus haut degré l'ambivalence de la matière liquide. Il sera source de vie et source de mort. Il sera non seulement figuration du drame, mais inspiration dramatique.

Certes, dans *Au château d'Argol*, le sang n'a pas peur de se révéler comme tel : tout dans sa mise en scène concourt à nous en rendre présente la sensation crue et réelle. Cependant, ce sang cruel est un sang qui rêve ; il cherchera toujours à briser les limites de sa course, et, fort de sa sacralisation à atteindre ce niveau cosmique où là, seulement, il pourra miroiter d'un éclat souverain, où là, seulement, il sera « accompli ». En effet, le sang des héros d'Argol charrie moins la vie et la mort qu'il ne charrie le Désir. C'est dire que sa dynamique interne sera déjà essentiellement ambiguë, car on sait la dialectique irrésistible qui anime ce Désir, à la fois ouvert et fermé, cherchant à s'accomplir, tout en se retenant sur le seuil de la Révélation. En suivant les images du sang qui s'attachent à Heide, ce sont les mouvements dramatiques du récit que nous retrouvons. C'est l'histoire d'un sang éveillé et bourdonnant, mais retenu, et dont l'épanchement entraînera la mort. Nous avons là, également, le cheminement du désir qui est inséparable du Désir cosmique. Si nous remontons aux premières métaphores, nous voyons bien, en effet, comment les deux vont de pair :

Tout son sang bougeait et s'éveillait en elle, emplissait ses artères d'une bouleversante ardeur, comme un arbre de pourpre [...].

(*CA*, 74)

Elle devenait une immobile colonne de sang [...].   (*CA*, 74)

[...] il lui semblait que ses veines fussent incapables de contenir un instant de plus le flux épouvantable de ce sang qui [...] allait jaillir et éclabousser les arbres de sa fusée chaude [...]. (*CA*, 74)

Ce sang, nous le retrouvons répandu quand Heide est violée : « *Du sang tachait, éclaboussait comme les pétales d'une fleur vive son ventre et ses cuisses ouvertes* [...]. » (*CA*, 126).

Et il devient alors objet de fascination et de tentation pour Albert qui ne cessera dès lors de se répéter à lui-même « *la route d'une goutte de sang sur un doigt* » (*CA*, 132). Ce sera, à partir de là, le long dépérissement de Heide, semblable à celui du roi Amfortas, dont la vie semble s'échapper par la blessure inguérissable. Albert, qui a « vu » ce qu'il ne devait pas voir, se voit communiquer cette ardeur dont Heide avait été d'abord animée :

[...] il ne pouvait contenir la vie qui bouillonnait dans sa poitrine [...].   (*CA*, 130)

[...] conscient seulement du bourdonnement chaud de son sang derrière ses paupières closes [...].   (*CA*, 130)

Et il n'aura de cesse qu'il n'ait répercuté la blessure de Heide dont il souffre, sur Herminien, « *son* âme damnée » (182).

Or, ce thème de la blessure, leitmotiv que l'on retrouve aussi dans *Le Roi pêcheur*, se signale lui aussi par son caractère dialectique, puisque lui est associée l'image du « Sauveur-Rédempteur », dont Gracq, dans sa préface, nous dit que ce sont là « *deux déterminations dialectiquement pas séparables* » (*CA*, 8), ce que le récit reprend : *« La main qui inflige la blessure est aussi celle qui la guérit. »* (40). Le sang sera donc aussi un sang initiatique, source de révélation, et c'est ce qui fera toute la fascination dont Albert subira l'emprise :

Et la vie de son âme paraissait maintenant suspendue à cette goutte dérisoire, et il lui semblait que tout ce qu'il avait aimé, tout ce qu'il avait cherché, roulait au fond de la source avec cette goutte sombre. Et, les yeux clos, il collait sa bouche à cette fontaine rouge et, goutte après goutte, il en faisait ruisseler sur ses lèvres le sang mystérieux, délicieux. (*CA*, 132)

Pour lui, le sang sera objet d'horreur et de fascination tout à la fois. Le récit comporte d'ailleurs l'un de ces signes avertisseurs et prémonitoires dont les œuvres de Gracq sont particulièrement riches. Au début du roman, Albert ressent un malaise, une peur dont il ne connaît pas encore la cause : « [...] *l'éclat sanglant d'un vitrail, le son lointain d'une horloge perdue au fond d'un couloir vide le font frissonner un instant comme un enfant* [...]. » (*CA*, 34).

Quelques lignes auparavant, on nous dit qu'Albert est en proie à « *de sombres pressentiments* » (*CA*, 34). L'« *éclat sanglant* » serait donc l'un de ces signes annonciateurs, de même que l'horloge, que nous retrouverons lors de la scène du ruisseau où les images d'Albert et d'Herminien se réfléchissent : « *On entendit sonner distinctement les* dix coups d'une horloge. » (102). (Cela n'est d'ailleurs pas sans nous rappeler les similitudes que présente la structure romanesque de ce récit avec celle d'un roman noir, rapprochement qui fit l'objet d'une étude [35].)

Nous retrouvons exprimée cette ambivalence du sang, objet de douleur et de révélation, de perte et de salut, dans le commentaire qui accompagne la vision du tableau représentant le roi Pêcheur : « [...] *il était clair que l'artiste, que sa main inégalable n'avait pu trahir, avait tiré du sang même d'Amfortas, qui tachait les dalles de ses flaques lourdes, la matière rutilante qui ruisselait dans le Graal* [...]. » (*CA*, 163).

Il faut remarquer également cette communication, que nous signalions plus haut, du sang bouillonnant de Heide à

Albert, que nous retrouvons ici replacée dans son cadre mythique : « [...] *la figure du divin sauveur pâlissait en présence de la blessure secrete de laquelle il avait pour jamais tiré son charme et son ardeur.* » (*CA*, 163).

Comme nous l'avons souvent noté au cours de cette étude, le mythe et le mystique sont presque toujours en étroite relation. Or, le caractère sacré et mythique d'un élément va de pair avec une aspiration cosmique. Nous avons déjà remarqué le rapprochement métaphorique de Heide avec « *un arbre de pourpre* » (*CA*, 74), et l'expression d'un désir qui se faisait désir transgressif, cherchant à briser les limites de son corps dont le sang aspirait à « *éclabousser les arbres* ». Mais, ce désir transgressif est aussi désir de mutatation, et plus exactement, comme le dit Bachelard, de « naturalisation ».

Un premier rapprochement significatif est celui du sang et de la lumière. Nous venons d'en voir un premier exemple avec cette expression de « *matière rutilante* » (*CA*, 163). Souvenons-nous que, par ailleurs, toute l'évocation de Heide, dans les premières pages du récit, est placée sous le signe de cette lumière : « [...] *un visage sous lequel la lumière paraissait sans cesse charriée par d'invisibles et translucides vaisseaux.* » (57).

Cette image, non seulement sacralise le sang, et lui attribue ainsi un pouvoir mystique (suggéré par les connotations « religieuses » attachées à ce mot *lumière*), mais il le place aussi sur un plan naturel d'équivalence avec cette matière.

Le sang fera l'objet d'une autre association, qui sera en même temps l'expression d'un désir d'être, et qui s'effectuera cette fois avec la musique. La texture du récit se signale à nouveau par son système d'échos. Au sujet de Heide, l'auteur nous dit en effet : « [...] *c'était à la musique seule que l'on demandait indistinctement des éléments de comparaison pour cette figure à peine terrestre* [...]. » (*CA*, 57).

Or, dans la chapelle des Abîmes, la musique d'Herminien fait renaître cette figure de Heide qui « *établit enfin son empire sur des houles mélodiques* » (*CA*, 111). Notons, au passage, qu'une fois encore, la femme est celle qui a accompli une transgression qui pour l'homme reste seulement objet de désir. C'est ainsi qu'Herminien cherchera à convertir « *le corps de chair et de sang en une sorte de* prisme à réflexion totale *où le son s'accumulât au lieu de le traverser et irriguât le cœur avec la même liberté que le milieu sanguin, rendant ainsi au mot profané d'*extase *sa véritable signification* » (112).

La dynamique du sang comporte, non pas une, mais des dialectiques internes. Sa nature humaine et organique sera soumise à des attractions qui chercheront à le transformer en une matière impalpable, soit lumière ou musique. Sans cesse, il tend à devenir autre et à changer de nature, d'une manière à la fois physique et morale, car désirer le désincarner en le convertissant en lumière ou en musique, c'est aussi le promouvoir moralement, c'est le convertir, au sens presque religieux du terme, de signe du péché et d'emblème de la chair, en substance de Salut et emblème spirituel.

À cette dialectique du pur et de l'impur, se superpose celle de la vie et de la mort. Ce sont alors les images élémentaires du feu et de l'air qui apparaissent : le corps de Heide dont la chair est d'abord comblée « *des coulées d'un feu liquide* » (*CA*, 75), lui sera par la suite rendu « *aérien, flottant, volant, irréel...* » (135). Mais c'est aussi par le feu et la neige, puisque la blessure brûlante ne sera apaisée que par le froid « *d'une poignée de neige* » (182), neige dont la blancheur et le froid évoquent la mort.

Or, à cette dialectique interne au leitmotiv du sang, se

joint parallèlement la dialectique externe de l'eau lourde et de l'eau pure, de l'eau violente et de l'eau calme. L'eau lourde et violente, qui apparaît souvent dans ce récit, serait donc une sorte de métaphore de métaphore, sur le plan de l'écriture, en même temps qu'elle serait la transposition « naturalisée » du sang, soulignant ainsi, d'une part, l'impressionnalité du paysage sur l'événement, et illustrant, d'autre part, le désir surréaliste d'unir le drame humain au drame universel, c'est-à-dire aussi, de devenir élément de nature à part entière.

Les eaux calmes et claires alternent avec les eaux violentes, selon un tempo comparable aux alternances des états intérieurs des personnages. Ainsi, à l'immobilité trompeuse du début, se substitue « *de sombres pressentiments* » (*CA*, 34). Plus loin, Albert contemplant son image dans la rivière subit, lui aussi, la tentation de « *plonger sans retour, et satisfaire sans retenue ce qui se révéla à l'instant [...] être son plus naturel penchant* » (102). Comme Allan, il subit l'appel de l'eau, de l'eau violente ici, reflet de son propre tourment : « *[...] le courant de ces eaux violentes et froides pressant son tympan avec une force insoutenable et le cernant d'un inexorable appel.* » (101).

Ces eaux violentes, nous les retrouvons entre autres, dans ces gorges dangereuses qui « *attiraient son âme tourmentée* » (*CA*, 99). L'eau violente, c'est aussi l'océan qu'Albert « *fendait longuement d'un cœur plein de colère* » (130). Mais, chaque fois qu'un peu de répit et de calme apparaît, ce sont les eaux claires qui dominent, comme lorsque Albert et Heide reprennent le chemin de la forêt et que « *La surprenante lumière qui montait chaque matin des nappes d'eau claire de la rivière les attirait longuement [...].* » (139).

Alors, le *« baptême » par l'eau (*CA*, 130) se substitue au baptême par le sang — « *Il inondait ses paupières du sau-*

vage, sauvage et aveuglant baptême de son sang [...]. » (131) —.
Lorsque enfin nous nous trouvons proches du dénouement,
les eaux calmes reprennent le dessus, comme pour mieux
évoquer la mort prochaine ; seulement, alors, nous retrouverons l'immobilité initiale, mais qui aura changé de qualité,
à travers ce cycle « calme—violence—calme » : « *Merveilleuse
était la forêt* [...] *dans son immobile et dormante douceur*
[...]. *Oui, calme était Argol sous ses astres, au fond des
réseaux de sa brume, et tout fermé sur lui-même dans les
espaces nageants de son air translucide et enchanté.* » (181).

La clôture dramatique est accomplie et nous est à peine
voilée (« *fermé sur lui-même* »). Cependant, le rapprochement
métaphorique entre la dynamique du sang et le mouvement
dialectique des eaux calmes et violentes reste marqué d'un
décalage que nous croyons significatif. Dans le récit, nous
trouvons en effet cette réflexion : « [...] *ces filaments rouges
et indélébiles qui rendent à jamais si improbable la dilution
complète du sang humain dans l'eau.* » (*CA*, 101).

N'est-ce pas là une sorte de constat d'échec ? Dire du
sang humain qu'il ne peut complètement se dissoudre, n'est-ce
pas métaphoriquement exprimer qu'il subsistera toujours
entre l'Homme et son projet, son désir d'identité, ce « vide
interstitiel », ce décalage irréductible qui fera toujours de la
quête surréaliste comme de la quête du Graal, une attente
perpétuelle ? Et n'est-ce pas là justement, dans cet espace
infranchi et infranchissable, que réside tout le paradoxe de
l'espoir surréaliste toujours renouvelé et toujours déçu ?
L'homme aura beau faire, il ne pourra jamais s'unir intégralement au monde, car sa conscience sera toujours cet ultime
résidu d'étrangeté. Au mieux, il s'enrichira d'une nouvelle
dimension, et celle-ci sera l'apport essentiel et primordial
d'une poésie qui, à défaut d'intégrer et d'unir, procurera le
« bien-être » de la « ré-conciliation ».

À travers ces deux exemples nous voyons donc combien l'eau est étroitement associée au drame. La disposition de ses métaphores incline vers sa courbe. Elle en suit tous les dédales : attente, quête ou mort. Elle reflète l'événement et le suspens. Elle l'annonce et l'appuie. Elle désigne, fluidifie et magnétise le courant de son acheminement. Mais elle en fait également ressortir la nature dialectique. Ainsi, les métaphores de l'eau sont aussi des emblèmes et des signes. Le caractère informe d'une matière coïncide avec le flou du pressentiment. « *Notre sentier effacé par les brumes avait l'air même du malheur.* » (*BT*, 75).

La malléabilité physique d'un élément se prête à la représentation imaginaire des inflexions dramatiques. Le monde gracquien est un monde de signes et de prémonitions. Il aime, comme le dit Alquié, « *non pas perdre la raison, mais tout ce que la raison fait perdre* » (p. 151 [6]). C'est un monde attentif aux coïncidences, aux reflets du drame humain dans la nature. Or, ce drame humain qui se joue, s'achève toujours au seuil de l'indicible, se meut dans l'expérience de l'irréductible, du « vide interstitiel ». Et s'il est un objet qui rassemble et conjugue toutes ces données, c'est le miroir [36].

Son arrière-monde est aussi « un arrière-soi » que la conscience s'efforce de rejoindre à toute force. Abolir la distance, c'est abolir la dualité du reflet et du reflété, c'est se situer dans cet au-delà tant désiré. C'est anéantir une fois encore les frontières. Le miroir résume en somme cette aspiration à résoudre les termes dialectiques de la dualité humaine, à accéder à l'unité salutaire qui est aussi cet autre côté du miroir : « [...] *comme un homme qui se sentirait glisser lentement de l'autre côté du miroir.* » (*RS*, 162).

Les eaux des Syrtes comme les eaux des glaces mortes

du palais Aldobrandi, ont des reflets funèbres, annonciateurs d'une mort qui rôde et menace. Les eaux et les miroirs n'ont-ils pas « *un don de double-vue* » (p. 36[1]) : « [...] *à plonger dans l'eau de ces glaces mortes et de ces canaux engourdis, à respirer cette transparence liquide d'automne* [...] *il me semblait que quelque chose m'était révélé de son charme et de son irrémédiable condamnation* [...]. » (*RS*, 161).

Fréquenter les rivages de la connaissance, et abolir les frontières, c'est aussi fréquenter les rivages de la mort, et abolir la séparation entre la vie et la mort. Le vertige qui saisit le personnage gracquien devant le miroir est ce même vertige qui le prend à l'approche de la révélation, qui n'est pas solution, mais avant tout la prise de conscience de ses contradictions et de ses désirs, de leur infini et insoluble enchaînement : « [...] *le regard englué, je plongeai mes yeux dans son eau grise, et il me sembla que des images toutes pareilles, une infinité d'images à la superposition exacte, s'effeuillaient, glissaient indéfiniment l'une sur l'autre à toute vitesse* [...]. » (*RS*, 185).

L'effeuillement et la multiplication des images est aussi l'éparpillement d'une identité qui cherche à se saisir, mais qui en voulant se reconstituer ne cesse de découvrir de ces zones d'ombre, qui sont autant d'échappatoires de la connaissance. De même que le sang reste indissoluble dans l'eau, de même l'Homme ne pourra pas passer de l'autre côté du miroir. Mais, c'est de cette impossibilité même que l'homme tirera rêves et espoirs, c'est de son désespoir qu'il vivra, de même que c'est le sang d'Amfortas qui fera ruisseler le Graal. Cet échec est aussi une espérance infinie et salutaire.

Nous retrouvons ce rôle dialectique du miroir dans *Au château d'Argol*. Le miroir d'Argol est un miroir naturel, mais c'est aussi le miroir de la chambre d'Albert. Chez Gracq, eaux et miroirs alternent et sont équivalents. Si pour certains auteurs, l'emploi de l'eau comme miroir correspond à leur besoin d'inscrire leur rêve dans la nature, chez Gracq, les deux sont similaires, et l'imagination y fait indistinctement référence. « L'eau grise des canaux » ou « l'eau grise des glaces mortes » sont une et universelle. Il y a dans *Au château d'Argol* une scène où le thème du reflet est déterminant. C'est la scène où les images d'Albert et d'Herminien se réfléchissent ensemble dans la rivière :

[...] le rideau des arbres se déchira sous l'eau, et l'image réfléchie d'Herminien, marchant sans effort *sous* sa surface, vint vers lui au travers même de ce monde à jamais interdit [...]. (*CA*, 102)

Chacun sur une rive, et les courants rapides entre eux, ils marchèrent parallèlement, leurs images réfléchies se rejoignant au centre même de la rivière unie comme un miroir. (*CA*, 104)

En ressentant « l'envers du décor », Albert saisit du même coup l'envers de son identité. L'idéale beauté des personnages n'est pas d'ailleurs sans évoquer l'image de Narcisse qui devant les eaux, « *a la révélation de son identité et de sa dualité* » (p. 34 [1]).

Le miroir participe lui aussi à la Révélation. Et, de plus, il exprime bien la proximité et la dualité de deux personnalités qui ne sont en fait que les deux côtés d'une même identité. Or, cette identité sera perçue du côté de l'interdit, dans un au-delà du miroir inaccessible, comme un idéal impossible à atteindre. C'est peut-être cette impossibilité d'être son « Autre » qui déchaînera plus loin la colère d'Albert, faisant éclater le miroir de sa chambre (*CA*, 175). Ce miroir-là, en effet, ne renvoie qu'à un visage. Il faut l'eau, élément naturel, pour que s'accomplisse l'illusion de la « ré-union ». L'eau chez Gracq ne sert donc pas seulement à naturaliser l'image, mais elle est nécessaire pour traduire, en son reflet, la dialectique des contraires. Le miroir est lisse, plan et dur. L'eau est frisée, profonde et floue : le rêve et l'idée y vivent mieux.

Un autre aspect dialectique du miroir réside, d'autre part, dans la série de questions qu'il suscite à celui qui se regarde. Bachelard en énumère quelques-unes, nous n'en retiendrons qu'une ici : « *Contre qui te mires-tu ?* » (p. 32 [1]). Contre qui se mire Albert ? Contre Herminien, cet autre lui-même, obscur. Contre lui aussi, c'est évident. Nous pouvons rapprocher le sentiment d'Albert du ressentiment des trois personnages après le Bain [31] : « [...] *chacun s'étonna de reprendre à l'instant sa démarche particulière, et que la vie revenue dans son individuelle pauvreté leur tendît si vite les habits et la gangue pudique d'une* personnalité *inéluctable.* » (*CA*, 95).

L'expérience de la distance infranchissable que nous fait vivre le miroir, c'est celle d'une distance au monde, mais aussi d'une distance à soi. Le drame tourne au tragique.

Nous aurions pu également parler des grandes glaces de l'hôtel des Vagues [37], ou du miroir de la chambre de Mona. Nous nous en sommes tenu, croyons-nous, au plus représentatif. Chaque fois, le miroir est là pour redoubler le monde d'un arrière-plan significatif. Il s'apparente au « fond de l'eau », à l'horizon, en un mot à cet au-delà que l'on appelle Surréel, et comme lui, il est « fluide insaisissable », emblème incitateur d'un espoir toujours renouvelé.

CONCLUSION

Suivre le cours de l'eau dans une œuvre comme celle de J. Gracq, c'est vagabonder sur un fleuve sans bords (cf. *RS*, 205), sur l'un de ces fleuves fabuleux de l'ancienne Afrique auxquels l'auteur fait allusion dans *Les Eaux étroites*, fleuve qui n'a « *ni source ni embouchure qu'on pût visiter* » (*EÉ*, 11). Au fur et à mesure que défilaient les images de l'eau, elles n'ont cessé de nous offrir de nouvelles pistes, de nouveaux itinéraires.

Apparaissant tout d'abord comme la marque d'une préférence, l'eau s'est très vite révélée comme l'expression métaphorique d'une réconciliation. La récurrence d'une image est non seulement facteur d'unité onirique, mais aussi facteur d'harmonie. Cette harmonie est totale. Les images de l'eau coïncident avec la représentation de l'espoir surréaliste d'une union de l'homme et du monde, mais collaborent aussi à la « solution poétique de J. Gracq » [19].

L'eau tient chez J. Gracq une place que nous croyons essentielle. Elle est surréaliste en elle-même car elle réconcilie le rêve et la réalité, symbolise l'être en chemin, elle est fluide comme le désir, conductible et insaisissable comme le hasard. C'est là un élément d'élection, car elle est compromise avec « l'amour, le hasard, le rêve ».

Une autre piste pourrait aussi apparaître au sein des œuvres critiques de J. Gracq. Là encore, l'eau y est un référent privilégié. *En lisant en écrivant* porte les traces de cette souveraineté de l'élément liquide non seulement sur l'imagination du romancier-poète mais aussi sur le discours rationnel et averti du critique :

Rien ne compte peut-être chez un romancier que de savoir serrer à chaque instant le courant de vie qui le porte, le *vif du courant*, lequel, dès que le lit sinue, vient comme chacun sait heurter alternativement l'une, puis l'autre rive, toujours déporté, toujours décentré, et sans se soucier jamais de tenir décorativement le juste milieu. *(En, 42)*

Comme on le voit, le chapitre n'est pas clos, et d'ailleurs, quand on parle de J. Gracq, rien ne l'est-il jamais ? À imagination ouverte, critique ouverte : rien n'est jamais sérié, il n'y a pas de « tour de la question », tout est à remettre dans le jeu.

Nous n'avons fait que prendre le bateau en marche, mais la rivière, elle, court toujours...

NOTES

1. G. Bachelard, *L'Eau et les rêves* (Paris, J. Corti, 1963).

2. Si nous avons choisi de mettre une majuscule à Espoir et Désir, c'est parce qu'en l'occurrence, ils englobent les autres thèmes. Chaque fois que l'un de ces thèmes prendra une connotation d'Absolu, nous retrouverons l'emploi de cette majuscule.

3. F. van Laere, « Le Guetteur en posture d'éveil », pp. 225—81 in *JG*.

4. S. Grossman, *Julien Gracq et le Surréalisme* (Paris, J. Corti, 1980).

5. A. Peyronnie, *La Pierre de scandale du* Château d'Argol *de Julien Gracq* (Paris, Lettres Modernes, « Archives des lettres modernes », n° 133, 1972).

6. F. Alquié, *Philosophie du Surréalisme* (Paris, Flammarion, 1956).

7. Sur la constitution des métaphores gracquiennes, voir M. Riffaterre, « Dynamisme des mots : les poèmes en prose de Julien Gracq », pp. 152—64 in *JG*.

8. A.C. Dobbs, *Dramaturgie et liturgie dans l'œuvre de J. Gracq* (Paris, J. Corti, 1972).

9. J. de Decker, « Désirer, déchirer : Kleist, selon Gracq », pp. 169—78 in *JG*.

10. B. Boïe, « Jeux de rideau », pp. 125—30 in *JG*.

11. M. Eigeldinger (« La Mythologie de la forêt dans l'œuvre romanesque de Julien Gracq », pp. 236—45 in *JG*), reprenant les conclusions de J.-L. Leutrat, souligne : « *La description ne sert jamais de cadre purement extérieur, elle est associée au drame intérieur vécu par les personnages. Ce sont avant tout l'eau et la forêt qui déterminent le climat et la substance romanesques, qui suscitent le décor mythique dans lequel s'inscrit l'existence des héros. Le paysage, unissant le liquide et le végétal, forme la toile de fond sur laquelle se détachent les acteurs […].* » (p. 237).

12. M. Guiomar, « Images et Masques du Désir dans l'œuvre de Julien Gracq », pp. 301—18 in *JG*.

13. « *Gracq tisse de subtiles correspondances entre le paysage et les mouvements profonds de l'affectivité […].* » (p. 236 [11]).

14. P. Berthier (« Gracq et Buzzati, poètes de l'événement », pp. 90—104 in *JG*) reprend la métaphore : « *Marino […] est […] devenu une manière d'élément.* » (p. 101).

15. Qui illustrent cette remarque de F. Alquié : « *Toute évidence […] s'intègre en une dialectique cosmologique, toute conscience personnelle est dissoute […].* » (p. 57 [6]).

16. Nous reprenons ici la réflexion de F. Alquié (p. 107 [6]).

17. Elle est, comme le note S. Grossman, « *l'instrument concret de l'accomplissement de la totalité par lequel l'homme synthétise en lui-même le rêve et la réalité* » et l'auteur poursuit, en mettant directement l'eau, la poésie sur un plan d'équivalence métaphorique : « *Le symbolisme de l'eau, et en particulier de la mer, est appelé à jouer ici pleinement son rôle. Car la poésie est l'eau-mère, le plasma originel dans lequel tout poème est soluble.* » (p. 62 [4]). Pour elle, en effet, et nous nous rangerons à ses côtés : « *La poésie est le chemin qui mène à la communion universelle que Gracq assimile métaphoriquement à l'entité du fondamental.* » (p. 69 [4]).

18. C'est sans doute pourquoi, pour J. Monnerot, « *la poésie vraiment surréaliste est informe comme l'eau qui coule* » (cité p. 175 [4]).

19. R. Riese Hubert, « Julien Gracq et la solution poétique », pp. 199—207 in *Cahiers de l'Association internationale des études françaises*, n° 14, 1952.

20. Entretien radiophonique entre Julien Gracq et Gilbert Ernst diffusé le 10 juillet 1971 par la station régionale d'Inter-Lorraine-Champagne-Ardennes (« Sur *Un Balcon en forêt* », pp. 211—21 in *JG*).

21. A. Pieyre de Mandiargues, « Le Château ardent », pp. 47—9 in *JG*.

22. S. Lilar, « Julien Gracq en Flandre », pp. 363—9 in *JG*.

23. G. Durand, *Les Structures anthropologiques de l'Imaginaire* (1960) (Paris, P.U.F., 1963).

24. L. Pollmann, « Le Mythe de soi dans *Au château d'Argol* », pp. 63—71 in *JG*.

25. Ainsi Bachelard note, d'une part, que « *l'eau est le support matériel de la mort* » (p. 90 [1]), et d'autre part, que, pour certains rêveurs, « *elle est le Cosmos de la mort* ». « *Elle communique avec toutes les puissances de la nuit et de la mort* », et, plus encore, qu'elle est « *le néant substantiel* » (p. 91 [1]). Tout cela est à mettre en relation avec la puissance d'évocation des eaux noires dont nous avons parlé plus haut.

26. « *Le Conte de l'eau et le conte humain d'une eau qui meurt.* » (p. 66 [1]), « *Contempler l'eau c'est s'écouler, c'est se dissoudre, c'est mourir.* » On ne peut s'empêcher de rapprocher ces termes de Bachelard de ceux de F. Van Laere : « *Glisser à l'eau, couler en mer, c'est toujours un mouvement qu'oriente un charme chez Gracq quand devient fatal le naturel sobre d'une mort.* » (p. 256 [4]).

27. Voir « L'eau emblématique » dans l'article de J.-L. Leutrat (p. 286 [30]).

28. F. Alquié fait allusion aux textes de *Poisson soluble*.

29. Si, comme le note S. Grossman, la mer est métaphoriquement pour Gracq « *la matière poétique dans laquelle tout poème est soluble* » (p. 62 [4]).

30. J.-L. LEUTRAT, « La Reine du jardin », pp. 282—300 in *JG*.

31. L. ROUSSEAU, « La Notion de sacré dans "Le Bain" du *Château d'Argol* », Cahier VI (1979-1980) édité par l'Université d'Angers (U.É.R. des lettres et sciences humaines).

32. Cité par Bachelard (p. 60 [1]).

33. J.-P. WEBER, *Domaines thématiques* (Paris, Gallimard, « Bibl. des idées », 1963), pp. 295, 328.

34. Bachelard (pp. 83—7 [1]) a longuement exposé le cheminement d'une imagination qui voit tantôt en l'eau claire et limpide la représentation de la vie, et en l'eau lourde et enténébrée, celle de la mort. Cette eau lourde sera, comme il nous le dit, « *le sang de la terre* ». Or, par l'un de ces glissements familiers de la pensée « *tout ce qui dans la nature coule lourdement, douloureusement, mystérieusement, soit comme un sang maudit, comme un sang qui charrie la mort* ». Et il conclut : « *Quand un liquide se valorise, il s'apparente à un liquide organique. Il y a donc une poétique du sang. C'est une poétique du drame et de la douleur, car le sang n'est jamais heureux.* » Mais, plus loin, il ajoute : « *Il y a cependant place pour une poétique du sang valeureux* », « *du sang vivant* ».

35. Voir la communication de A. Peyronnie sur Julien Gracq et le roman noir au Colloque international des 21—24 mai 1981 à Angers.

36. Bachelard relève cette réflexion de Louis Lavelle (*L'Erreur de Narcisse*) : « *Le miroir emprisonne en lui un arrière monde qui lui échappe, où il se voit sans pouvoir se saisir* [l'homme] *et qui est séparé de lui par une fausse distance qu'il peut rétrécir mais non point franchir.* » (p. 33 [1]).

37. Voir l'étude de Serge Quilbeuf dans le Cahier V (1978-1979) édité par l'Université d'Angers (U.É.R. des lettres et sciences humaines).

95

TYPOGRAPHIE DE COMPO-SÉLECTION (PARIS)
IMPRIMERIE F. PAILLART (ABBEVILLE) D. 5317

Dépôt légal : janvier 1982   IMPRIMÉ EN FRANCE